PLAUFL 解放军外国语学院
PUBLICATION FUND 出版基金

美国情报与外交决策研究

U.S. Intelligence and Foreign Policy Decision-making

周兴亮 · 著

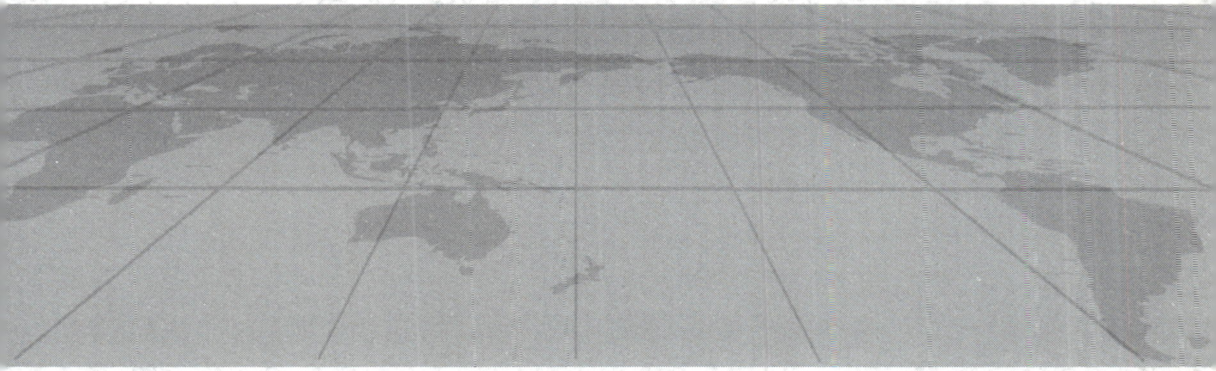

时事出版社

目　　录

绪　论

> 情报是政府和军队行动中经过评估的信息……是国家实力的重要组成部分，也是事关国家安全、国防和外交决策的基本要素。①
>
> ——《大英百科全书》

美国是当今世界唯一的超级大国，在国际事务中扮演着极为重要的角色，起着举足轻重的作用。美国在当今国际社会中的地位和作用，使得美国人认为其外交政策就是世界政策。同时，美国又是一个情报大国，必然会全力运用其无所不在的情报服务于自身外交需要，进而谋取符合其超级大国地位的国家利益。依据1947年《国家安全法》建立的国家安全委员会，更是集外交、军事和情报于一体，长期主导着美国国家安全体制的运行，这其中自然包括情报与外交决策关系的处理。因此，美国情报与外交决策的关系问题，是一个理论意义和现实价值都十分重要的课题，是一个值得深入探讨的问题。

① "Intelligence." Encyclopedia Britannica Student and Home Edition, Chicago: Encyclopedia Britannica, 2011; and http://global.britannica.com/EBchecked/topic/289760/intelligence.

第一节　主要概念

要想深入研究情报如何服务于美国的外交决策，首先必须界定并解析几个最基本的概念，即本书所要探讨的“情报”、“外交决策”、“美国外交决策”等的含义。

一、情报概念的取舍

情报的概念本可追溯至相当久远，其演变也较为复杂，但本书研究的主题是现代意义上的美国情报与外交决策关系，因此舍其古义而从今义开始考察，舍其一般意义而从西方，尤其是美国政界、学界开始考察。这样，其一有利于“与时俱进”，即在研究时限上以第二次世界大战之后为重点，凸显情报的现代含义；其二有利于“内外有别”，即在研究内涵上区别于我国以图书、文献资料为主要研究对象的普通情报学；其三有利于“有的放矢”，即贴合美国情报研究的现行体例，便于随时保持对国外、尤其是美国最新研究成果的及时跟进和转化。

美国现代情报理论先驱谢尔曼·肯特认为，“情报是位高权重者捍卫国家福祉必备的知识”。[①] 此种必备的知识涉及两种政策：一是谋求国家繁荣与世界秩序的外向性政策；二是谋求国家安全稳定的防卫性政策。二者均与他国紧密相关，前者事关他国国情，后者事关他国意图。因此，这样的知识又具备了“对外”和“高级”的含义和层次。他还进一步指出，战略情报更是“事关国家存亡的知识”,[②] 是“国家战时和平时外交关系所依据的知识”。[③] 这一看法对

① Sherman Kent, *Strategic Intelligence for American World Policy*, Hamden, Connecticut: Archon Books, 1965, p. xxi.

② ibid.

③ ibid. , p. xxii.

美国情报与外交决策关系研究影响深远。

《大英百科全书》中的“情报”，则是“政府和军事行动中有关其他国家或非政府行为体（通常为敌人或对手）实力、行动和可能行为方式的评估性信息。”① 这一定义与肯特的观点可谓异曲同工，同样侧重于情报在国际关系中的角色定位，只不过将肯特笔下的“知识”换成了“评估性信息”。

艾布拉姆·舒尔斯基（Abram N. Shulsky）对肯特情报定义中的“知识”展开作了进一步解释，认为其是执行外交政策等重大决策所必需的知识，是肯特所认为的国家安全政策的基础。② 而约翰·马卡特尼（John Macartney）除了赞同情报是一种知识之外，更是直截了当地提出“情报是为政府决策者、计划制定者和实施者提供专门定制的对外信息支援服务”。③ 马卡特尼注意到了情报是一种支援性的服务，充分考虑了情报作为一种“知识”产品对于决策者而言的不可或缺性。美国外交关系委员会研究报告的看法与马卡特尼的观点不谋而合，同样认为“情报是为政府内部的决策者或其他行动者准备的、无法公开获得的信息或至少部分地基于该信息的分析。”④

无论是“积极性知识”，还是“评估性信息”，情报本质上就是一种特定的“知识”；无论是“提供专门或定制的服务”，还是“准备特殊的信息或分析”，情报本质上还是一种针对特定用户的服务。因此，本书所指的情报，是服务于决策需求的特殊知识，主要涵盖“知识”和“用户”两个方面的要素。

---

① “Intelligence.” Encyclopedia Britannica Student and Home Edition, Chicago: Encyclopedia Britannica, 2011; and http://global.britannica.com/EBchecked/topic/289760/intelligence.

② Abram N. Shulsky, Gary J. Schmitt, *Silence Warfare: Understanding the World of Intelligence*, 3rd edition, Washington, D.C.: Brassey's, Inc., 2002, p. 169.

③ 参见 John Macartney, “How Do You Define Intelligence?”, Intelligencer 6, no. 1, Jan. 1995. http://intellit.muskingum.edu/whatis_folder/whatisintelintro.html.

④ Council on Foreign Relations, *Making Intelligence Smarter: Report of an Independent Task Force*, New York, NY: Council on Foreign Relations, 1996. http://www.fas.org/irp/cfr.html.

二、外交决策相关概念

在深入探讨外交决策相关概念之前，有必要简要介绍有关决策的概念。与情报相似，决策概念的历史也相当悠久，但其现代含义却是从工业革命之后方才出现的，而决策研究的代表人物当属赫尔伯特·亚历山大·西蒙（Herbert Alexander Simon）。[①] 在其代表作《管理决策新科学》中西蒙就曾指出："为了了解决策的含义，就应将决策一词从广义上予以理解，这样，它和管理一词几乎同义。"[②]西蒙决策理论的要点可归纳为：决策贯穿整个管理过程；有限理性模式；决策过程分为四个阶段，即情报活动、设计活动、抉择活动和审查活动，各阶段本身又是一个复杂的决策过程；组织性决策可分为程序化和非程序化决策；"满意"准则替代"最优"准则等。由此可见，决策既可以看作是一种过程，又可以看作是一种方式，还可以看作是一种结果。值得注意的是，西蒙的决策过程"四阶段理论"，将情报活动视为第一阶段，直接体现了情报在决策中的首发地位和重要作用。

可见，现代意义上的决策，是指导、管理的首要职能，并渗透到计划、组织、控制、协调等各个领域。按决策性质，可分为规范性决策和非规范性决策；按决策范围，可分为宏观决策和微观决策；按决策过程，可分为突破性决策和追踪性决策；按决策目标，可分为单目标决策和多目标决策等等。[③]

决策学延伸而来的外交决策学，研究的是国家外交政策的制定

---

① 西蒙因"经济组织内的决策过程进行的开创性的研究"于1978年获诺贝尔经济学奖，他提出的"决策模式理论"这一核心概念，为当前极受重视的决策支持系统DSS（Decision Support System）奠定了理论基础。

② 赫尔伯特·A. 西蒙：《管理决策新科学》，李柱流、杨浚澄译，北京：中国社会科学出版社，1982年版，第33页。

③ 参见夏征农、陈至立主编：《辞海》，上海：上海辞书出版社，2009年版，第1187页；也有学者将其分为常规型决策和非常规型决策、最优决策和满意决策、集体决策和个人决策等，参见李新旺：《决策心理学》，开封：河南大学出版社，2003年版，第4页。

过程，是国际政治学中外交政策分析的一个重要组成部分，即用信息论、控制论、系统论、组织理论、认知理论等研究方法分析外交决策的机制和过程，以及这些机制与过程对政策制定的影响。这就为外交决策与美国情报有机融合的研究提供了好的借鉴和理论支撑。

简而言之，外交决策即“一个主权国家对于外交政策做出决定的过程”。①

值得注意的是，“外交政策”与“对外政策”在英文中是同一词组，即“foreign policy”。外交决策（foreign policy decision-making）有时也被译为“对外政策制定”（英文有时也写为 foreign policy making 或 foreign policy formation 等）。作为国家公共政策的一种，对外政策所针对的是本国管辖范围之外的事务。对外政策同样是形成于一国之内的政策，但与对内政策不同，它是指向或应用于国家的外部环境中。与一般性的决策相比，外交决策有着自身的特殊性。外交决策本身的若干重要特点，② 就对情报工作提出了若干要求：目标、计划及解释的范围大，需要集中的不同观点多，信息来源广，这就要求服务于外交决策的情报必须不断扩大其收集范围和规模；信息来源不可靠，信息分类难，决策环境复杂和不确定，结果也难以预测和控制，相对缺少实验和验证的机会，这就要求服务于外交决策的情报、尤其是情报分析，必须注重准确性与费效比，也让情报容易背负“许胜不许败”和“成为替罪羊”的重担；对象庞杂并会带来敌意和不满，这就要求服务于外交决策的情报必须不断改进情报收集与反情报手段；判断问题性质所需时间较长，这就要求服务于外交决策的情报必须重视战略情报的长远规划；组织效率和政策后果难判，有可能出现基本价值观的冲突和全面妥协的必要性，这就要求服务于外交决策的情报必须注意防止情报政治化的问题。

---

① 赵晓春：《发达国家外交决策制度》，北京：时事出版社，2001 年版，第 4 页。

② 施奈德将其总结为十个主要特点，参见 Richard C. Snyder, H. W. Bruck, and Burton Sapin, eds., *Foreign Policy Decision Making: An Approach to the Study of International Politics*, New York: Free Press of Glencoe, 1962, p. 104.

界定“美国外交决策”这一概念之前，有必要对外交决策的理解再作进一步的阐释。简而言之，外交决策有广、狭义之分。一般意义上的外交决策可称为狭义的外交决策，与战争决策存在明确的界限，与安全决策或战略决策存在一定的区分；而政治意义上的外交决策则是广义的外交决策，与战争、安全、战略决策存在相当的交集，甚至成为难以分割的一个有机整体。在涉及美国外交决策研究时，这一点显得尤为突出。

相较于一般意义上的外交决策而言，美国外交决策有其共性与个性的一面。共性之处在于都是针对对外政策的决策；个性之处在于美国“对外政策”的特色内涵和外延。因此，在深入探讨之前，有必要对“美国外交决策”这一概念的特色内涵和外延加以明确的界定。

外交在美国不长的历史中一直处于十分重要的地位。对于这一点，首先在美国建国初始第一届政府的构成中就得到了充分的体现。当时的美国联邦政府行政部门仅仅设立了三个部，而负责外交事务的国务院就是其中之一。[①] 其次，美国政府行政部门的构成一直在不断演变之中，但负责外交事务的国务院却始终保持着核心部门的重要地位。可见，外交在美国治国之初就扮演着极为重要的角色并一直延续至今。因此，美国的外交决策在某种意义上具备了国家安全战略决策的含义。换言之，美国外交决策与国家安全战略决策密不可分、相辅相成。

外交决策的英文原文是Foreign Policy Decision Making，因而，只要是与Foreign Policy（对外政策）相关的决策，都是外交决策的研究范畴；进而，只要与美国对外政策相关的决策，也自然就是美国外交决策研究理应涵盖的范围。按照《大英百科全书》的定义，“对外政策是指导一国与他国交往的行为和关系的总和。……外交则

① 1789年美国联邦政府初建时，行政部门只设立了陆军部、财政部和国务院三个部门。参见李道揆：《美国政府和美国政治》，北京：商务印书馆，1999年版，第447页。

是对外政策的工具，而战争、联盟以及国际贸易都是其表现形式”。[1]这一定义明确指出战争是作为“对外政策”工具的“外交”的表现形式，那么战争决策就是外交决策的自然延伸，即外交决策研究理应涵盖战争决策研究。维基百科还专门针对美国给出了更为具体的定义，“美国的对外政策是美国与他国交往的方式，并为美国的机构、公司和公民设定交往的标准。……这种政策包括确定国家利益以及维护国家利益和实现政策目标的战略。……按照美国国务院的《对外政策方案》，美国对外政策的正式目标是‘建立一个符合美国人民和国际社会利益的更加安全、民主和繁荣的世界’”[2] 这一定义将美国的“对外政策”提升到了“战略”的高度，从而也就将美国的“外交决策”上升到了国家“战略决策”的高度。

综上所述，“美国外交决策”一般而言，是指在涵盖“战争”、“战略”等意义上的广义“外交决策”，这是美国特色的“外交决策”。本书中的“美国外交决策”，即以这一意义为研究基础。

第二节　研究意义

一、为何研究情报与决策

情报与决策天生血脉相连。任何决策都必然面对一种特定的环境，部分是已知的、可控的，部分则是未知的、不可控的。因此，能否正确而有效地进行决策，在很大程度上取决于决策者们对未来变化的认识能力和判断能力。遗憾的是，人类受自身认知能力所限，对未来变化的规律及其可能产生的各种影响还所知不多，判断能力自然受限，从而导致决策不得不在一种不确定的条件下做出。不确定即意味着风险，因此，也可以说，决策就是一种“风险投资”。然

---

① 参见 http：//global. britannica. com/EBchecked/topic/213380/foreign-policy.

② 参见 http：//en. wikipedia. org/wiki/Foreign_ policy_ of_ the_ United_ States.

而，所有的决策者都希望其所做出的决策“应该”是正确的，或者至少是风险最低、收益最大的，否则，它就不可能导致正确的行动或理想的结果，也就不可能审时度势地把握住未来稍纵即逝的机会，从而避免利益攸关方不必要的损失。

广义上讲，决策的基础是信息，准确和充分的信息是进行正确决策的必要前提；但在客观上，决策者们能够获得的信息都存在着不同程度的不确定性。那么，如何才能最大限度降低决策者们所获信息的不确定性，并做出决策者们所期望的“正确”决策呢？其实，肯特笔下屡屡提及的“知识”，就是所有决策者求之难得却不得不求的决策信息——情报。正所谓“知彼知己，百战不殆”，只有在充分掌握相关“知识”的前提下，才能做出正确的决策，从而获得最终的胜利。肯特还曾经感叹，美国要向每一个联合国新成员国派驻使团，在事关政治、经济、军事等诸多领域，这些新成员国少有不给美国决策者增添麻烦或提供机会的。“华盛顿的多数决策都难免涉及不同程度的困难选择，许多还涉及数目可观的款项。它们要求决策者在知晓的背景下作出选择。殖民时期可以视而不见的众多事项，现在都必须有所了解，而且是通过我们自身的情报努力加以了解”。[①]在肯特眼中，只有通过情报的努力，才能使决策者对众多事项“有所了解”并进而拥有对决策背景的“知晓”。

由此可见，只有经过情报分析专家充分而适当“过滤”和“加工”的信息，才能成为决策者们敢于决策和善于决策的信息来源和可靠支撑。如果人为切断这种情报与决策之间天生的血脉相连关系，那么任何决策都可能掉入盲目轻率的陷阱。

二、为何研究情报与外交决策

外交决策自身的特殊性，决定了其对情报需求的特殊性。

① Sherman Kent, *Strategic Intelligence for American World Policy*, Hamden, Connecticut: Archon Books, 1965, p. vii.

首先，外交决策对象的特殊性要求涵盖方方面面的情报支撑。外交决策的对象是一国所面对的国际问题和对外事务，牵涉到国家在国际关系中的行为、目标、宗旨、原则等诸多因素。没有相对全面的情报作为决策的基础，外交决策者就很难对其通盘把握、灵活掌控。

其次，外交决策的重要地位要求更高质量的情报服务。在当今世界全球化趋势迅速发展、全球性问题日益突出的情况下，一个国家的安全保障和社会经济发展，越来越取决于其与外部世界的关系，越来越取决于其外交政策的正确与否。外交决策在各国政府议事日程中占据着至关重要的地位。而国际问题和对外事务突发性强、变化迅速等特点自然就要求更快、更好的情报服务。

第三，不同层次的外交决策要求不同的情报服务。战略决策注重对决策对象的持续性情报分析，更加强调情报的全面性和针对性。危机决策侧重对决策对象的及时性情报跟踪，更为重视情报的准确性和时效性。战争决策重视对作战对象相关情况的全方位掌控，更加突出情报的多样性和客观性。常态决策偏重对决策对象某方面的深入了解，更加注意情报的持续性和稳定性。

最后，外交决策程序的各个环节都需要情报的参与和支持。一般而言，外交决策过程通常包括发现问题、确定目标、拟定方案、选择方案以及实施、反馈和修正方案等环节，每一环节都有不同的情报需求。

三、为何研究美国情报与外交决策

一方面，美国外交决策在其国家决策中占有十分重要的地位。在当今“一超多强”的国际格局之中，独占“一超”的美国所作出的外交决策对国际关系有着举足轻重的影响，影响所及当然也包括中国在内。经过不断的调整和发展，美国外交决策形成了一套独具特色、相对成熟的机制，这样的机制和程序本身就值得研究和探讨。

另一方面，美国的情报工作综合水平是无可争议的当今世界第一，而美国情报最为重要的功能之一，就是为其外交决策提供坚实可靠的支撑。美国情报如何能在相对短的时间里发展壮大？这样的发展壮大与其服务于外交决策的质量有何关系？外交决策的是非功过是否对美国情报的发展意义重大？二者之间应该建立并维持何种关系，以便更好地维护并拓展美国的国家利益？诸如此类的问题无一不令人深思、引人探究。如果能在令人高深莫测的美国情报与令人眼花缭乱的外交决策之间架起一座桥梁，并以之为鉴服务于我国自身的情报与决策，就是一件颇有价值的事情。

四、理论与现实意义

综合而言，本书研究的理论意义在于，一方面力争通过对美国情报与外交决策关系的深入研究和探讨，弥补国内军事情报学研究中忽视此类研究的不足，同时让国内军事情报研究这个方兴未艾的新领域，能够及时借鉴外交决策学理论研究的新成果；另一方面争取在阐释美国情报服务外交决策特色模式的基础上，尝试厘清情报与用户（决策者）之间剪不断、理还乱的关系，回答美国情报如何不断调整甚至革新自身，以更好服务于外交决策这个常问常新的问题。当然，美国情报与外交决策之间的关系并非一篇论文甚至一本专著能够涵盖，本书只是尝试推开美国情报与外交决策研究的一条门缝，收取“窥豹一斑”、“尝鼎一脔”之效而已。

本书研究的现实意义在于，通过对情报体系与外交决策机制相对完善的美国进行针对性的宏观研究，可以更为深入地掌握美国外交决策台前幕后的各种复杂关系，把握美国情报与外交决策的真正“脉动”，从而在认识上实现从“知其然”到“知其所以然”的飞跃。此外，对最能代表西方的美国的相关研究，完全可以移植到整个西方文化体系内的类似研究中，成为我们了解西方情报与外交决策关系的铺路石。尤其在美国“亚太再平衡”战略大调整的新形势下，这样的研究必然具有较强的现实借鉴意义。

2013年11月12日，我国决定设立国家安全委员会。[①] 这一重大举措本身，就是对本书研究现实意义的最好注解。

习近平主席在《关于〈中共中央关于全面深化改革若干重大问题的决定〉的说明》中，专门用两段文字就设立国家安全委员会进行了言简意赅的解释。他强调，“国家安全和社会稳定是改革发展的前提。只有国家安全和社会稳定，改革发展才能不断推进。当前，我国面临对外维护国家主权、安全、发展利益，对内维护政治安全和社会稳定的双重压力，各种可以预见和难以预见的风险因素明显增多。而我们的安全工作体制机制还不能适应维护国家安全的需要，需要搭建一个强有力的平台统筹国家安全工作。设立国家安全委员会，加强对国家安全工作的集中统一领导，已是当务之急”。[②] 可见，设立中国国家安全委员会，其作用是建成保障全面深化改革的“安全之盾”，这与沃尔特·李普曼视对外政策为“国之盾牌”的观点颇为相似；其动因是来自内外的双重压力和安全困境，这与美国当初设立国家安全委员会的初衷如出一辙；其指向是有效应对各种风险，而美国当初设立国家安全委员会就是为了防止“珍珠港式悲剧”的重演；其职能是统筹安全工作，而美国《国家安全法》赋予国家安全委员会的职能，正是统筹协调包括情报与外交在内的国家安全事务；其特色是集中统一领导，而美国国家安全委员会成员的组成，正是集中统一领导的生动反映。

习近平主席还进一步指出，“国家安全委员会主要职责是制定和实施国家安全战略，推进国家安全法治建设，制定国家安全工作方针政策，研究解决国家安全工作中的重大问题”。[③] 就制定国家安全战略和安全工作方针政策、研究国家安全工作中的重大问题而言，

---

① 《中共中央关于全面深化改革若干重大问题的决定》（2013年11月12日中国共产党第十八届中央委员会第三次全体会议通过），中国政府网，http：//www. gov. cn/jrzg/2013-11/15/content_2528179. htm。

② 习近平：《关于〈中共中央关于全面深化改革若干重大问题的决定〉的说明》，新华网，http：//news. xinhuanet. com/video/2013-11/15/c_ 125711438. htm。

③ 同上。

中国与美国国家安全委员会的职责几乎相同；而推进国家安全法治建设和解决国家安全工作中的重大问题，则具有十分鲜明的中国特色，前者说明其具备一定的辅助立法功能，后者则表明其具有相当的决策权和执行力，从此种意义上讲，中国国家安全委员会的职权可能略高于美国国家安全委员会。

总之，就目前官方披露的文献来看，中国国家领导人已经充分认识到了国际、国内安全形势的复杂性和严峻性，以及应对此种形势的迫切性。中国国家安全委员会的设立，迈出了借鉴强国制度经验可喜的一步，必将在应对国际国内安全挑战中发挥其“制度优势”。

第三节　研究现状

一、国外研究现状

国外关于美国外交决策研究的著述可谓汗牛充栋，按照研究的角度与侧重不同可以作如下归类。

其一是决策模式研究。理查德·施奈德、H. W. 布鲁克和博顿·萨宾开创了运用模式方法研究外交决策的先河，被后人誉为“施奈德-布鲁克-萨宾决策模式”。之后发展起来的诸多决策模式研究中，最具影响或代表性的当属格雷厄姆·阿利森的概念决策模式。阿利森在其《决策的本质》一书中，[①] 就以解释古巴导弹危机为例，详尽分析了理性行为体（Rational Actor）、组织行为（Organizational Behavior）和政府政治（Governmental Politics）三种模式的不同特点，他还指出关于概念决策模式的理论完全可以应用于外交决策之外的广泛领域。模式研究为美国外交决策研究提供了一种新的思路，即决策是可以建立在一定的模式之上的。

① 参见阿利森、泽利科：《决策的本质——解释古巴导弹危机》（第2版影印本），北京：北京大学出版社，2008年版。

其二是从行为主义出发的博弈论研究。冯·诺依曼和摩根斯顿的《博弈论与经济行为》，[1] 率先将博弈论应用于社会科学。而纳什建立的关于非合作博弈中的均衡理论（Nash Equilibrium），则为博弈论在国际关系领域的应用开辟了道路。霍华德的《理性的悖论》，[2] 不再单纯强调博弈论中己方的利益最大化，而是着眼于结果的性质，特别是结果的稳定性上，取得了重复博弈理论的突破。应用博弈论分析外交决策的原理是：假设—推理（演绎）—结果（决策）。在博弈论者看来，外交就是国与国之间的博弈，决策本身就贯穿始终。博弈论研究，尤其是重复博弈理论的提出，开阔了美国外交决策研究的视野。既然外交决策贯穿于国家之间重复博弈的始终，那么就可以将美国的外交决策看作一个开放性的过程，一切涉及决策的因素均应包含其中、往返循环。

其三是认知心理学研究。这种研究是从解释“理性选择”模式的局限性出发，主要探讨个人层次上外交决策的认知过程，强调决策中的“非理性”因素。杰维斯的《国际政治中的知觉与错误知觉》，[3] 就是将认知心理学与国际政治学相结合的代表作。该书以认知心理学为理论依据，以复杂的互动系统为出发点，试图回答国际安全合作中的诸多问题；同时，它强调国家对外政策决策者和执行者个人因素的重要性，从决策者心理认知的微观分析入手解析其对国家行为的影响和作用。杰维斯的成果对于研究外交决策，尤其是决策者本身具有重大的理论和实践意义。认知心理学研究，是对美国外交决策研究的及时补充，也是对相关研究者的善意提醒。模式也好，博弈也罢，美国的最终外交决策仍然无法摆脱人的因素，此处的人包括美国总统以及美国庞大官僚体系之中的若干重要个体。

---

① 冯·诺依曼、摩根斯顿：《博弈论与经济行为》，王文玉、王宇译，北京：生活·读书·新知三联书店，2004 年版。

② Nigel Howard, *Paradoxes of Rationality: Theory of Metagames and Political Behavior*, Cambridge, Mass.: MIT Press, 1971.

③ 罗伯特·杰维斯：《国际政治中的知觉与错误知觉》，秦亚青译，北京：世界知识出版社，2003 年版。

其四是情报与决策结合的研究。洛克·K. 约翰逊的《隐蔽行动及问责：美国秘密外交决策》,[①] 就在广泛探讨隐蔽行动的基础上，特别注重决策过程的讨论。他的另一著作《美国的秘密力量——民主社会中的中央情报局》,[②] 从对内和对外两方面，对中央情报局进行了更为全面和深入的研究，试图寻求中央情报局在美国民主社会中的最佳生存之道，进而找到美国国家安全需求与公民个人权利保护之间的平衡。此类论著多为零打碎敲的“一事一论”式研究，有的谈隐蔽行动，有的谈中央情报局，有的谈某次具体的情报失误，缺乏将外交决策作为一个整体在美国情报中进行全方位考察的宏观视野。谢尔曼·肯特的《服务于美国世界政策的战略情报》（1965年版）,[③] 认为美国（战略）情报的基本功能并未随国际形势的变化而发生根本改变，仍然需要继续发挥知识、组织、行动的重要作用，但他同时指出，美国外交政策处于史无前例的高风险时期，这就提升了战略情报服务的重要性，也增添了其服务的艰巨性。罗杰·希尔斯曼的《战略情报与国家决策》,[④] 利用大量的访谈和案例，对情报与决策的关系提出了独到的见解。马克·M. 罗恩塔尔的《情报——从秘密到政策》,[⑤] 从回答“情报是什么”入手，详尽阐释了美国情报在国家安全政策制定中的角色、功能和不足等，指出了美国情报与国家安全政策密不可分的实质，同时也论及了美国情报与外交政策之间的关系。此类论述虽然注重对美国情报与政策的宏观考察，但缺乏一种“局外人”的视野，存在“身在此山中”的先天

---

① Loch K. Johnson, “Covert Action and Accountability: Decision-Making for America's Secret Foreign Policy,” *International Studies Quarterly* 33, Mar. 1989.

② Loch K. Johnson, *America's Secret Power: The CIA in a Democratic Society*, New York and Oxford: Oxford University Press, 1989.

③ Sherman Kent, *Strategic Intelligence for American World Policy*, Hamden, Connecticut: Archon Books, 1965.

④ Roger Hilsman, *Strategic Intelligence and National Decision*, Westport, CT: Greenwood Press, 1981.

⑤ Mark M. Lowenthal, *Intelligence: From Secrets to Policy*, Washington, D. C.: CQ Press, 2000.

不足，从而无法对美国情报服务外交决策制度设计、平台模式等方面进行独辟蹊径的深入探讨。

二、国内研究现状

国内有关美国外交决策的研究起步较晚、发展较快却成果不丰，其中有关美国情报与外交决策的研究成果则更少。

其一是决策模式研究。周琪的《官僚政治模式与美国外交决策研究方法》,[①] 就充分吸收了国外模式研究成果，尤其是阿利森等的研究成果。在阐述了官僚政治模式的发展过程和特点、对它的批评和修正以及美国总统权力与官僚政治的关系等之后，周琪提出了“官僚政治模式是更适用于分析美国外交决策的方法”的观点，为美国外交决策研究提供了颇为有益的借鉴和更为合理的途径。

其二是博弈论研究。吴广谋等编著的《博弈论基础与应用》,[②] 用通俗易懂的语言，系统介绍了博弈论的基础理论及相关应用，为博弈论在中国社会研究领域的推广应用提供了一条“捷径”。胡宗山的《博弈论与国际关系研究：历程、成就与限度》,[③] 在简要梳理博弈论在国际关系研究中的历程和成就的基础上，指出了与经济学研究相比，博弈论在国际关系研究中很难发展出类似“信息经济学”的原创性学科，为博弈论与国际关系相结合的研究明确了难点与希望所在。李湘黔、魏万强的《基于博弈论的威慑策略》,[④] 用数学方法分析了不完全信息条件下两个国家之间的策略互动，阐述了第三方预期干涉对两国心理预期、并进而对博弈均衡的影响，提出了实施威慑策略的建议，为事关威慑的美国外交决策研究提供了新的方法。李科营、程书一的《博弈论视角下的美苏冷战及其对当前中美

---

① 周琪：《官僚政治模式与美国外交决策研究方法》，《世界经济与政治》，2011 年第 6 期。

② 吴广谋、吕周洋编著：《博弈论基础与应用》，南京：东南大学出版社，2009 年版。

③ 胡宗山：《博弈论与国际关系研究：历程、成就与限度》，《世界经济与政治》，2006 年第 6 期。

④ 李湘黔、魏万强：《基于博弈论的威慑策略》，《军事经济研究》，2006 年第 11 期。

关系的启示》,[1] 尝试应用博弈论的基本理论和模型，对冷战时期的美苏关系进行新的分析，指出其对当前中美关系的可能借鉴，为美国冷战时期外交决策研究提供了新的视角。

其三是认知心理学研究。金应忠和倪世雄合著的《国际关系理论比较研究》,[2] 对美国和前苏联学者关于外交行为的心理分析理论作了较为全面的介绍与评述。张清敏的《外交政策分析的认知视角：理论与方法》，则认为“一切客观的环境和现实因素只有通过决策者的心理过程才能影响外交政策的结果。决策者的价值观和其他心理倾向指导着他有选择地关注周围的环境，他根据观察到的‘心理环境’制定外交政策。外交政策制定者的价值观、认知方式、性格等在很大程度上影响对外政策的结果。”[3] 他们的研究再次强调了决策者本身在外交决策研究中不可或缺的作用，为美国外交决策研究中重视人的因素奠定了理论基础。

还有一些具体外交思想和案例的研究。时殷弘的《与复杂形势相违背的简单化政策——冷战时期美国在东亚的安全政策》,[4] 剖析了美国针对东亚地区外交政策简单化的三个基本原因，指出从自身利益出发的“以我划线”，是长期指导美国外交的基本思想和原则，进而为诸多美国外交决策的作出和执行找到了本源。他的《自由主义与美国对外政策》,[5] 详细探讨了自由主义对美国外交思想和政策的影响，提醒美国外交的研究者，不应忽视包括自由主义在内的各种“主义”的重要作用。他的《美苏从合作到冷战》,[6] 从历史研究

---

① 李科营、程书一:《博弈论视角下的美苏冷战及其对当前中美关系的启示》,《解放军国际关系学院学报》, 2009 年第 1 期。

② 金应忠、倪世雄:《国际关系理论比较研究》, 北京: 中国社会科学出版社, 2003 年版。

③ 张清敏:《外交政策分析的认知视角: 理论与方法》,《国际论坛》, 2003 年第 1 期, 第 39 页。

④ 时殷弘:《国际政治: 理论探究 · 历史概观 · 战略思考》, 北京: 当代世界出版社, 2002 年版, 第 513—532 页。

⑤ 时殷弘:《国际政治与国家方略》, 北京: 北京大学出版社, 2006 年版, 第 122—130 页。

⑥ 时殷弘:《美苏从合作到冷战》, 北京: 华夏出版社, 1988 年版。

的视角出发，以时间为序详尽论述了美苏从战时合作走向战后冷战的过程，其中也包括对外交决策者观念、风格等因素的探讨，为研究美国“遏制”外交决策提供了一种历史视角。他的另一著作《美国在越南的干涉和战争》，[①] 论述了1954年日内瓦会议结束到1968年越南战争开始降温时期美国的对越政策，侧重于揭示美国越南战争决策过程及其诸多原因，为研究美国外交决策提供了很好的案例。

以上研究大多从国际政治的角度出发，探讨各种国际关系理论和思想对外交政策制定和执行的影响，寻求破解国际体系中国家行为、尤其是美国外交决策的秘方。然而，此类研究失之于过于宏观与宽泛，同时未能将美国外交决策作为一个相对统一的整体进行考察。令人惊喜的是，周琪主编的《美国外交决策过程》，以官僚政治模式为基础，详尽阐释了影响美国外交政策制定的各种因素，指出只有深入到外交决策层面，才能清楚解释和准确了解一国的外交政策，为将美国外交决策作为一个整体进行研究提供了可行的方法。略显不足的是，书中对美国情报服务于外交决策的重视不够，仅有一个章节涉及情报对美国外交决策的影响。[②]

其四是情报与决策结合的研究。孙守鹏的《情报与决策：到底是谁的失误?》，[③] 从失误的角度探讨了情报与决策的关系，考察了情报与决策各自的局限性，指出从情报到决策任一环节的错误都会导致最终的决策失误。马晓娟的《战略情报与战略决策关系论析》，[④] 肯定了战略情报与战略决策之间存在重要的互动关系，即前者是后者的依据和参考，后者是前者的目标和导向，同时指出二者关系中也存在如情报政治化等诸多需要破解的悖论，并提出了一些简单的

① 时殷弘：《美国在越南的干涉和战争》，北京：世界知识出版社，1993年版。

② 周琪主编：《美国外交决策过程》，北京：中国社会科学出版社，2011年版，第162—175页。

③ 孙守鹏：《情报与决策：到底是谁的失误?》，《情报探索》，2005年3月第2期。

④ 马晓娟：《战略情报与战略决策关系论析》，《解放军国际关系学院学报》，2009年第4期。

建议。孙鹏翔、林亮亮的《决策者的错误知觉对情报使用的影响》,[①] 从决策者错误知觉的角度，论述了准确的情报不一定导致正确的决策，为全面客观分析情报与决策的互动关系提供了令人警醒的补充。欧阳维、张建平的《战略决策对战略情报的需求》,[②] 着重强调了战略情报全局性、前瞻性、内幕性和时效性及满足此种要求的重要性，指出真正理解战略决策需求才能遂行战略情报使命。尤为值得一提的是，高金虎的《美国战略情报与决策体制研究》,[③] 系统阐述了美国战略情报与决策体制之间的互动关系，为研究美国情报与外交决策之间的关系提供了一条新的思路。上述研究要么缺乏制度高度的宏观视野，要么缺乏战略层面的综合考量，要么欠缺平台模式的特色视角，要么欠缺典型案例的可靠验证，未能形成制度设计、战略思考、平台模式、案例验证合而为一的系统研究。

第四节　研究思路

本书主要研究的是美国情报与外交决策之间的关系，侧重于美国外交决策的形成，聚焦于美国总统和国家安全委员会，力图回答“美国情报服务外交决策的过程中应当坚守何种底线，进而建立何种良好关系并更好地服务于美国国家利益”这一问题。

首先，对书中涉及的“情报”“外交决策”“美国外交决策”等概念分别进行了较为详尽的解析。以本书研究的独特视角为依据，以肯特等学者的定义为基础，对现代意义上的“情报”概念进行了取舍与拓展，明确了本书研究中的“情报”主要是涵盖对“知识”和“用户”两个要素的理解；同时，强调了美国特色的外交决策与一般意义上的外交决策有所不同，是涉及“战争决策”乃至“战略

① 孙鹏翔、林亮亮：《决策者的错误知觉对情报使用的影响》，《军事情报研究》，2009 年第 1 期。

② 欧阳维、张建平：《战略决策对战略情报的需求》，《国防大学学报》，2006 年第 3 期。

③ 高金虎：《美国战略情报与决策体制研究》，西安：陕西师范大学出版社，2004 年版。

决策”的广义决策，从而凸显了本书研究的“美国特色”。这就为其后的研究定下了基调并扫清了障碍。

其次，对美国情报与外交决策关系的理论探讨进行了艰难的梳理，选取了集理论家和实践家于一身的多诺万、肯特、盖茨等最具代表性的相关理论观点，形象归纳为“保持距离”、“谨慎接触”和“亲密贴近”三种主要流派。在充分论述三种流派“不足”与“有余”的同时，指出了各种流派“殊途同归”之处，即“殊途”于针对性与侧重点的不同，“同归”于二者之间良好关系的建立以及“美国至上”国家利益的实现。这就为其后“谨慎贴近”观点的提出，打下了基础并提供了借鉴。

第三，对美国情报服务外交决策的制度设计和战略规划进行了深入的剖析。分别从美国宪法、法律法规、行政规定、国家安全战略、总统“主义”、国家情报战略等层面，就二者关系的主体、规范、安排、调适、修正、落实等方面展开全面论述。指出只有站在宪法和法律的高度审视美国情报与外交决策的关系，才能触摸到制度设计下一切貌似复杂实则简单的脉动；只有深入解析依据法律制定的相关行政规定，才能真正掌握法制框架内美国情报与外交决策的运作机制；只有深刻剖析形形色色的总统“主义”以及五花八门的总统指令，才能切实把握总统主导下美国情报与外交决策关系的总方向；只有认真分析各种相关战略的“真”与“理”，才能避免美国情报与外交决策关系研究方向的迷失。

第四，从回答美国情报所服务的外交决策对象，即“谁是美国外交的主要决策者”这一核心问题入手，在给出明确答案的基础上，重点解析了处于美国外交决策金字塔塔尖和塔顶的总统和国家安全委员，详细论述了美国总统主导地位形成的原因、巩固的方式和产生的影响，同时考察了对美国情报服务外交决策至关重要的美国国家安全委员会的缘起、演变和国家安全顾问的特殊作用。在充分考虑美国情报与外交决策关系“美国特色”的基础上，提出了“总统主导的国家安全委员会”模式，进而提出纳入外交决策的“情报—

决策”流程，尝试将美国情报和外交决策看作一个相对完整、有机统一的系统加以研究。

第五，选取二战后基本涵盖美国外交决策各个类型的经典案例逐一剖析。全面深刻的凯南“八千字电报”与对苏遏制战略的形成和发展，就与战略决策相关；及时准确的“图像情报”与古巴导弹危机的和平解决，就与危机决策相关；臆想的大规模杀伤性武器与美国对伊拉克战争的发动，就与战争决策相关；“伊朗核问题国家情报评估”与美国放弃对伊朗动武，就与常态决策相关等等。所有案例分析最终都归结为一幅“情报—决策”流程示意图。

最后，在总结全书论述的基础上，再次强调了各种流派殊途同归的本质并且提出了“谨慎贴近”的观点，说明了相关制度设计与战略规划的意义，阐明了“总统主导的国家安全委员会”模式所提供的挑战与机遇，明确了相关案例研究的启示，指出了值得进一步深思的问题。

结尾部分还提及了美国情报与外交决策关系研究的其他相关问题，重申了美国情报服务外交决策的基本属性，明确了美国情报服务外交决策的努力方向，说明了美国情报与外交决策关系的复杂性，点明了美国情报与外交决策关系的主要矛盾，论述了美国外交决策者对情报的偏好以及后者的可能应对之道，再次提醒了情报政治化的严重性，并且对我国情报与外交决策关系的启发进行了抛砖引玉的简单思考。

第五节　研究方法

一是历史研究法。美国情报服务外交决策的历史由来已久，本书侧重于考察战后美国情报与外交决策之间关系的演变，以美国国家安全委员会为牵引和重点，分别考察美国外交决策机制中重要参与者历史角色的演变及其与美国情报的关系，着重描述和解析在外交决策过程中扮演主要角色的总统和国家安全委员会，如何运用美国情报服务于外交决策，以及如何运用外交决策反馈和调整美国情报。

二是模式研究法。综合考虑美国情报与外交决策的特点，提出“总统主导的国家安全委员会”模式，尝试分析、解释美国外交决策参与其中并与美国情报之间的互动，及其对最终外交决策形成的影响。在将美国外交决策纳入传统情报流程的基础上，提出了新的“情报—决策”流程，尝试厘清美国情报与外交决策之间貌似简单、实则复杂的互动关系。

三是案例研究法。选取战后美国外交决策中比较典型的案例逐一分析和考察，包括与战略决策相关的“八千字电报”与对苏遏制战略的形成与发展，与危机决策相关的“图像情报”与古巴导弹危机的和平解决，与战争决策相关的“政治化情报”与伊拉克战争的发动，以及与常态决策相关的“伊朗核问题国家情报评估”与美国放弃对伊朗的军事打击等。

第六节 创新之处

首先，研究提出了一种新的思路。美国情报与外交决策关系研究的难点所在，就是如何处理二者之间的微妙平衡和关系适度性问题。情报首先应该坚持客观并保持距离，其次应当有条件地谨慎接触，然后力争最大限度地谨慎贴近，最后必须防止过度亲密而导致情报政治化。在梳理有关美国情报与外交决策关系历史认知三种流派的基础上，[①] 本书大胆提出“谨慎贴近”的第四种观点。贴近是为了更好、更现实地服务于美国外交决策的需要，即充分考虑总统以及其他主要决策者的因素；谨慎是为了防止美国情报与外交决策之间的红线跨越，即情报政治化问题。“谨慎”和“贴近”二者缺一不可，贴近是美国情报服务外交决策的必然要求，谨慎是保障美

① 即“保持距离”派、“谨慎接触”派和“亲密贴近”派。参见第一章相关内容。

国情报与外交决策关系相对平衡的必要条件。

其次，研究提供了一种新的途径。美国情报与外交决策关系研究的宗旨所在，就是如何解决美国情报更好服务外交决策并进而服务于美国国家利益的问题。此种特殊的“服务”要求情报必须集针对性、客观性和及时性于一身，外交决策必须集指导性、滤过性和回馈性于一体。在充分考虑上述宗旨的前提下，本书将指导美国情报服务的外交决策纳入传统情报流程，进而形成开放的“情报—决策”流程图。

再次，研究拓展了一种新的领域。美国情报与外交决策的关系研究，是军事情报学和外交决策学研究的新领域，是涵盖军事情报学、外交学、决策学等新兴学科的交叉研究。虽然国内外已有的研究成果对这一新的领域有所涉及，但大多缺乏将美国情报与外交决策“剥离出来、再融合进去”的宏观考察。本书以战后美国外交决策机制的形成与发展为主线，以贯穿其中全过程的情报服务为主题，分理论探讨、制度设计、战略规划、平台模式和案例分析等五个方面，研究了军事情报学和外交决策学中的相关概念和观点，拓展了军事情报学和外交决策学理论研究的范畴。

然后，研究提供了一种新的话题。从美国情报服务外交决策的角度探讨美国情报与外交决策之间的关系，是本书的主要特色。从美国情报与外交决策关系的制度安排和战略规划入手，到美国情报服务外交决策的特色平台和模式，把美国情报和外交决策看作社会经济学中的生产者和消费者进行研究。因此，作为“消费者”的外交决策者的诉求，是作为“生产者”的美国情报必须时刻认真对待的事情。如果多个“消费者”同时提出不同诉求，或者多个“情报机构”同时争相提供不同服务，那么这种貌似简单的关系就会变得充满利益竞争和变数，而美国情报与外交决策必须时时考虑如何恰当应对这样的变数。

最后，研究展现了一种新的视角。虽然在研究美国外交决策机制时借鉴了其他模式研究的观点，但是在充分考虑美国政体的自身特色和历史演变的基础上，提出了更为适合本书研究的“总统主导的国家安全委员会”模式。在把握美国情报与外交决策关系研究难点与宗旨的基础上，尝试从法律法规、行政规定等制度设计入手，结合国家安全战略、各种总统“主义”、国家情报战略等战略思想进行深入的解析和探讨。

第一章　理论探讨

有关情报生产者与情报用户之间恰当关系的探讨和争论，早在二战后美国现代情报体系建立之初就已经开始了。从那时候起，情报就一直纠结于贴近决策增加影响和保持距离削弱功能的困境之中。情报界对这一颇有争议问题的看法历来也是众说纷纭，有的主张情报应远离政策是非，有的则主张情报应贴近政策过程。

美国现代情报体系的奠基人之一，曾经在二战时期领导过战略情报局（Office of Strategic Services，简称 OSS）的“美国现代情报之父”威廉·J. 多诺万（William · J · Donovan），以及曾经担任战略情报局和国务院高级官员的哈佛大学历史学家威廉·兰格（William Langer），主张严格保持情报与用户之间的距离；毕业于耶鲁大学的“美国战略情报之父”谢尔曼·肯特（Sherman Kent）则主张情报可以在保持适当距离的前提下进一步接触用户；美国情报史上最具争议的中央情报主任兼中央情报局局长罗伯特·盖茨（Robert Gates）（还曾担任国防部长）则坚决主张情报必须尽可能地贴近决策；还有其他一些学者则游离于以上三种看法之间，主张一种更为折衷的关系。这些美国现代情报事业伟大的奠基人和不懈的开拓者，要么担心情报被决策操控而政治化，要么担心情报变得与决策无关而边缘化。

总体而言，关于美国情报与外交决策关系的理论探讨不胜枚举，但以上述美国情报界（或政界）资深人士的看法最具代表性，他们集理论家与实践家于一身的独特优势，赋予其观察和思考此种关系独一无二的视角。战后有关美国情报与外交决策关系的认知，也因此形成了三种主要的流派。

第一节 “保持距离”派

这一派学者从理想主义的视角出发，相信情报与决策各自都愿意并且能够自我完善，即情报管好情报的家，决策照顾决策的事，只要双方各尽本分、恪尽职守，就自然能够建立起理想的“情报—决策”关系，从而有效地服务于美国的内政外交。换句话说，严格“保持距离”是情报与决策双方建立良好关系的关键所在。由此，不妨将其称之为“保持距离”派。

“保持距离”派的代表人物首推被誉为“中央情报局之父”的威廉·多诺万，这位美国现代情报体系的奠基人拥有传奇的一生。[①]在罗斯福请求他担任其战略情报局负责人之前，他是华尔街身家百万的著名律师。尽管曾经因为与罗斯福党派政见不同而发生过激烈争吵，但他却是罗斯福考虑建立对外情报机构时的不二人选。不论其如何疯狂或危险，他都鼓励战略情报局敢于尝试任何可行的行动，“疯子比尔”的确名副其实。这样一位对外无所畏惧的情报天才，却时常抱怨其花在国内政治斗争上的时间几乎与对付轴心国的时间一样多。多诺万所指主要是当年的联邦调查局局长埃德加·胡佛，这位多诺万的死对头一直指使联邦调查局对战略情报局进行间谍活动，专门针对多诺万本人的间谍活动一直持续到其去世。多诺万不擅长与同行交往，还体现在筹建中央情报局时倍受五角大楼情报机构的排挤上。此外，多诺万也未能处理好情报管理者与外交决策者之间的关系，这也是杜鲁门利用二战结束之机迅速解散战略情报局的原因之一，更是业内众望所归的多诺万，在试图组建中央情报局时未能获得杜鲁门总统青睐的主要原因之一。正是由于对国内政治斗争

① 他在一战中因治军严厉而赢得“疯子比尔”的绰号，因作战勇敢获得过“荣誉勋章”，他集精力过人、勇于创新、热情洋溢、花钱无度、待人和善、管理无方于一身 他在家中能让妻子发疯，在局里能使手下抓狂。参见 http：//en. wikipedia. org/wiki/William_ J. _ Donovan。

感到厌倦、疲惫甚至失望，多诺万才会对情报介入政治或政治介入情报心存戒心、不以为然，“疯子比尔”也才会在对待情报与决策的关系上反常地理智和冷静。他认为，“情报必须独立于其服务的人员之外，以便其获取的资料不会因指挥官的观点（不同）而遭到人为的扭曲或歪曲”。[①]

多诺万主持战略情报局时，较为重视“研究与分析”（Research and Analysis，简称 R&A）部门所谓“研究型情报”（相当于现在所称的战略情报）。它也被干涉主义者看作是一种冷战实践，强调一种可能与他国交战或冲突的危机感，以及为之做好充分准备的渴望。对“研究型情报”的侧重，使得多诺万能够因其独到的战略远见而名垂美国情报史。[②] 然而，随着二战接近尾声，战略情报局最重要的“研究与分析”部门逐渐失势而让位于更加倾向于行动的部门。这也从一个侧面说明了多诺万理想的“情报—决策”关系在实践中难以维系。

过于理想化的“保持距离”理论一旦付诸实践，自然就会处处碰壁而逐渐瓦解。最令人扼腕的是，雄心勃勃的“多诺万计划”[③]，也正因如此而从未真正得以实施。该计划最为重要的特点之一，也是其最终失败的主要原因之一，就在于坚信“情报产品应当事实确凿、客观公正，应当提供与决策相关的必要信息而不是有关决策本身”的结论。矛盾的个性、不现实的态度、高高在上的权威等难以克服的痼疾，让这一原本宏伟的蓝图变成了颇为另类而且根基不稳

---

① Major General William J. Donovan, 1 May 1946, *Vital Speeches*, Vol. XII, No. 14, p. 448. 转引自 http://www.nationalsecuritylaw.org/files/received/CIA/Hulnick-Unknown-Intelligence_and_Policy-The_On-Going_Debate.pdf.

② 早在 1945 年秋季他就预言，恐怖分子有一天可能会试图偷运一枚核弹入境，并在一座美国城市引爆。想想在日本引爆核弹的尺寸（几乎相当于一辆轿车大小），多诺万如此敏锐的战略洞察力实在令人惊叹。

③ 指筹建战后美国真正意义上的中央情报机构的庞大计划，多诺万的设想是以当时的战略情报局为基础，类似于后来的中央情报局与国家安全委员会的混搭，后因多方反对阻挠而失败，失败的主要原因是未获杜鲁门总统的支持。参见 http://www.cia.gov/library/center-for-the-study-of-intelligence/kent-csi/vol35no2/pdf/v35i2a06p.pdf。

的空想。它试图搭建的理想“情报—决策”关系自然也就随之摇摇欲坠，无法立足于那个残酷的“情报与政治”的现实世界。然而，用兰森的话说，多诺万学派最主要的成就，是他们“让人认识到了学者及其专业技能在揭示国家决策需要的事实方面，扮演着至关重要的角色。”① 正因如此，也可以将“保持距离”派称之为传统学院派。

威廉·兰格也是“保持距离”派的代表人物，他是美国情报界的元老之一。他曾经是“信息协调办公室”（Office of the Coordinator of Information，简称 COI）情报分析委员会成员，加入战略情报局并担任该局最为重要的（R&A）部门负责人时，是哈佛大学历史系教授兼主任，也是“疯子比尔”的忠实拥趸。他所领导的“研究与分析”部门就坚持这样一项原则：情报收集和分析必须完全独立于政策制定过程。也就是说，该部门唯一的目标，就是将原始情报数据转化为精炼、确凿以及缜密客观的情报分析，供合适的政府机构使用，而“不是建议、推荐或者以某种方式决定战争的战略或战术（决策）”。② 这样的思想显然是“保持距离”理论的最好注脚。

迈克尔·汉德尔曾对这种过于理想的“保持距离”理论在实践中蕴含的危险形势有过形象的描述。汉德尔认为，这样的关系完全建立在一种微妙而脆弱的人际平衡之上。“情报顾问在踩钢丝……（他的）成功与否依赖于他与上司之间的‘心有灵犀’以及他自身的信誉。这里的关系……是不对称的，如同一位没有权力的专家与一位不懂专业的权威在一起开会。”③ 可见，刻意“保持距离”的情报，哪怕出自天生著文的妙手，能否实现情报与决策之间的良性互动，还有很多情报之外的因素在发挥作用。

尽管“保持距离”派强调情报中立性与客观性的出发点并无不

---

① Harry Howe Ransom, *The Intelligence Establishment*, Cambridge: Harvard University Press, 1970, p. 73.

② Corey Ford, *Donovan of OSS*, Boston: Little Brown, 1st edition, 1970, p. 148.

③ Michael I. Handel, ed., *Leaders and Intelligence*, London: Frank Cass, 1989. p. 15

妥，但与美国情报服务的外交决策机制却存在不可调和的矛盾。美国外交决策的“总统主导”特色，使得刻意保持距离常常意味着与关键决策者不经意的疏远，容易导致情报部分功能和作用的丧失，进而影响合理外交决策的作出。托马斯·L. 休斯（Thomas·L·Hughes）就曾一语道破保持距离的现实困境，他认为“情报（总要）寻求一些政策加以影响，而政策则（总会）寻求一些情报加以支撑。”①

正是这种过于学院派的坚守，使得多诺万出发点颇为理想主义的“情报—决策”关系在现实面前撞得粉碎。所幸的是，多诺万学派的一些基本观点并未随着战略情报局的解散而后继乏人，与多诺万同时代且曾一起共事的肯特，就继承和发扬了其“情报—决策”思想，提出了更为现实和合适的理论。

第二节 “谨慎接触”派

这一学派是对“保持距离”派的继承和发扬，在基本赞同情报应当与决策保持一定距离的同时，主张情报还应更加积极地服务于决策。与“保持距离”派最大的不同是，该学派并不认为情报与决策之间存在不可逾越的鸿沟，只要时机、程度把握得当，情报与决策之间的接触就不仅是可能的，而且是必要的。当然，这样的“接触”是建立在一定程度的谨慎之上的，即“情报生产者不应主动发起与情报用户（决策者）的直接互动，而是应该就数据与分析进行回应。”② 由此，权且将其称之为“谨慎接触”派。

“谨慎接触”派的代表人物非美国战略情报之父谢尔曼·肯特莫属。在二战之前，肯特一直是耶鲁大学的学生和教师，主攻欧洲史

---

① Alfred C. Maurer, Marion D. Tunstall, and James M. Keagle, eds., *Intelligence: Policy and Process*, Boulder and London: Westview Press, 1985, p. 11.

② Center for the Study of Intelligence, *The Impact of Intelligence on the Policy Review and Decision Process*, part two, Central Intelligence Agency, March 1980, p. 7.

和19世纪的法国政治。1941年，肯特先是应召加入“信息协调办公室”，后来加入战略情报局的“研究和分析”部门，在多诺万和兰格的手下开始从事情报分析工作。在1942年支援盟军进攻北非的情报行动中，肯特显露出过人的组织和研究能力，成功跻身高级情报分析人员之列。他清楚地知道高效的“情报—决策”关系对双方都有益，但要做到这一点却并非易事。在其名作《服务于美国世界政策的战略情报》一书的最后一章，肯特将情报生产者和情报用户之间的关系描述为“一种最为脆弱的”关系，并且认为这种关系不会自发地建立，它需要“大量用心的努力，一旦松懈即化为乌有。”① 而导致这种脆弱关系的主要原因，一方面是决策者出于本能不信任情报产品的质量和用途，另一方面是情报人员不愿承担其情报评估的责任。

总体而言，肯特相信情报首先应当是独立于政策过程之外的。他认为，情报的主要功能是提供有关外部世界的专业知识，以便美国的决策者在此基础上有效而合理地进行决策，就算情报渴望被证明对决策有用而且重要，情报的角色依然应该是界限分明的，即“情报不是目标设计师；不是政策起草者；不是计划制定者；不是行动执行者……它履行一种服务功能。它的任务是确保行动者（决策者）消息灵通；它的职责是站在他们身后将书翻到正确的那一页。”②

随着其情报事业的蒸蒸日上，尤其是在担任中央情报局国家评估办公室主任之后，肯特对情报与决策关系的认识又更进一步。他常常提及情报官员的三个基本愿望：知晓一切；赢得信任；积极影响政策。三个愿望中有两个蕴含一种建立情报与决策良好关系的积极因素。这一点还可以从肯特为情报分析所设立的、至今仍然适用

① Sherman Kent, *Strategic Intelligence for American World Policy*, Princeton, NJ: Princeton University Press, 1949, pp. 180 – 206.

② Roger George, Harvey Rishikof, eds., *The National Security Enterprise: Navigating the Labyrinth*, Washington D. C.: Georgetown University Press, 2011, p. 159.

的三个基本标准中看出端倪：相关、严谨和富有远见。[①] 作为一种标准的“相关”与作为两个愿望的“赢得信任和积极影响政策”充分表明，肯特赞赏一种“谨慎接触”的积极“情报—决策”关系。他知道，不论何种原因，被忽略的情报对决策而言毫无用处；而要避免被忽略，情报必须尽可能地争取获得决策者的指导。在此，情报与决策之间的关系就具备了市场经济的特色，作为生产者的情报机构必须首先充分掌握作为消费者的决策者的真正需求，然后才能决定应该生产什么以及如何生产。

可见，“谨慎接触”派的观点可以浓缩为肯特的那句名言：“情报不能接近（政策、计划和行动）到失去其判断客观性与公正性的地步。”[②] 他还警告说，情报与决策之间拉开距离的危险大于过于接近的危险。但是，将情报生产者纳入情报用户之中，却可能对双方而言都是一件太过逞能和冒险的事情。

总之，“谨慎接触”派从更为实际的角度出发，总体上继承了“保持距离”派的理论，在一定程度上冲破了其构筑的樊篱，提出了情报应该积极而有条件地接触决策，为后来的研究者以一种更加开放的姿态探讨二者关系扫清了障碍，并奠定了基础。然而，站在决策者的角度来看，作为其标签的“接触”，虽然与保持距离相比更为积极地靠近决策，但并不能完全适应美国总统主导的外交决策需求。比如，难以想象在诸如古巴导弹危机之类的紧张时刻，负责决策的肯尼迪及其执行委员会，能有时间和耐心等待情报谨慎地接触。

---

① “Remarks of the Director of Central Intelligence George J. Tenet at the Dedication of the Sherman Kent School”，参见 http：//www. cia. gov/news-information/speeches-testimony/2000/dci_speech_05052000. html.

② Sherman Kent，*Strategic Intelligence for American World Policy*，Princeton，NJ：Princeton University Press，1949，pp. 180 – 206.

第三节　“亲密贴近”派

正是因为看到了上一学派认识上的不足，这一学派在“谨慎接触”派的基础上走得更远，甚至可以说是迈出了“质变”的一步。情报与决策之间的所谓“距离”基本不在这一学派的视线之内。该学派认为情报仅仅满足于接触决策还远远不够，进一步的靠近不仅必要而且必须，进而强调情报应当竭尽全力去贴近甚至贴合决策的需要。可以说，没有比“贴近、贴近、再贴近”更适合作为这一学派的宣传口号了。因此，不妨将其称之为“亲密贴近”派。

回到肯特的理论框架中来，虽然他赞同“谨慎接触”的观点，但是其理论的落脚点还是“情报与决策之间是一种相对平等、互利共赢的关系”。而重视情报“贴近”决策的学派却早已将这种相对平等的关系抛诸脑后，倾力打造一种能够24小时为决策驱使的情报工具。如同罗杰·希尔斯曼所描述的那样，情报生产者必须“真诚而有意识地向决策和行动倾斜……明确地成为决策调整的工具。”[①] 如果说“保持距离”派站在情报与决策关系的最左边，那么“谨慎接触”派就站在中间偏右的位置，而“亲密贴近”派则站在最右边的位置。

“亲密贴近”派的起源可以追溯到与肯特展开过激烈论战的威尔摩尔·肯代尔。[②] 与肯特相同，肯代尔也是耶鲁大学的教师。与肯特不同，肯代尔主攻政治学，而且只有不到一年的情报从业经历，算不上美国情报界的“圈内人士”。他所受的教育和世界观也几经变

---

① Roger Hilsman, *Strategic Intelligence and National Decision*, Glencoe (Ill.): The Free Press, 1956, p. 182.

② 参见 Jack Davis, "The Kent-Kendall Debate of 1949," *Studies in Intelligence* 35: 2, 91－103. http: //www. cia. gov/library/center-for-the-study-of-intelligence/kent-csi/vol35no2/pdf/v35i2a06p. pdf.

化，“争议”、“孤僻”、“极端保守”都是他的标签。① 他赞同肯特关于情报需要决策“指导”的看法，也承认事关美国外交重大决策的此种“指导”的缺失。同时，他也批评肯特“谨慎接触”的观点实质上是一种自欺欺人，认为如果情报的目标是提供外交决策所需求的知识，那么仅仅满足于“谨慎接触”的关系就远远不够。他号召情报人员勇敢走出自身的樊笼，站在高级决策者的角度重新思考情报。肯代尔还从政治层面出发，强调情报应更加重视理论研究，而不是仅仅满足于二战背景下的对象国研究。他坚信所谓决策者对情报自觉的“指导”纯属无稽之谈，进而倡导情报应当更加主动地作为。在他看来，只有把更多的东西摆上情报与决策的桌面，才能真正引起决策者的重视，从而获得情报所渴求的“指导”。

肯代尔所提倡的情报应当关注并贴近决策的观念，后来被罗伯特·盖茨拔高到前所未有的高度，并发挥到了极致。因此，将“亲密贴近”派代表人物的“殊荣”归于盖茨，可能更为实至名归。

从一名美国空军的年轻少尉到美国中央情报主任和国防部长，盖茨的履历可谓光彩照人：战略空军司令部情报军官、国家安全委员会参谋人员、战略研究办公室战略评估中心主任、中央情报局副局长（负责情报事务）、中央情报副主任、中央情报主任（兼中央情报局局长）、国防部部长、伊拉克（战争）研究小组成员，还曾是首任国家情报总监的第一人选。② 从盖茨光辉的履历可以看出，他一生中大部分重要工作都与美国情报和外交决策密切相关。然而，盖茨的情报生涯亦可谓坎坷不平。1987 年第一次被提名中央情报主任时，因受到“伊朗门”事件的牵连而被迫退出；1991 年第二次被提名时，又遭遇其同事古德曼和福特的不利证言，经过长达半年的听证才如履薄冰地获得任命。这位情报界颇具争议的风云人物最为人诟病之处，正是其有关情报与决策关系的理念和实践。

① 20 世纪 30 年代肯代尔算得上是一位“托派”左翼人士，到了 40 年代却成为一名坚定的反共保守派，1967 年去世时，他被认为是战后美国保守政治哲学发展的主要贡献者之一。

② 为了能够继续担任德克萨斯州农业机械大学校长，盖茨拒绝了此项提名。

盖茨在担任中央情报局负责情报事务的副局长时，就曾推出一种新的情报理念，实际上重申了肯特强调“情报应寻求决策指导”的思想，同时糅合了肯代尔“情报应更加积极主动”的观点。盖茨关于何种情报分析“会受到决策者的青睐而非轻蔑”的看法，在其担任国家安全委员会参谋人员时得到了发展。他对情报评估的最低要求，是能够阐明其关键性判断对美国政策的意义。他想让每一份评估都凸显决策者所面临的机会或威胁。“除非情报官员与决策者并肩战斗，理解（其）事务，了解美国的目标何在，（决策）过程如何运作，以及决策者是谁，否则他们无法提供相关或者及时的情报以便（决策者）明智地决策。”[①] 正是这种相对偏激的“情报—决策”理念使他在情报界颇受争议。1991 年，在他第二次被总统提名为中央情报主任时，在相关国会听证会上，梅尔文·A. 古德曼就作证说，盖茨是鼓吹假情报和漠视事实的领导班子中的一员；而国家情报委员会主席哈罗德·P. 福特也作证说，盖茨在其任期内践踏了职业底线。[②] 按照两位证人的证词，盖茨的错误已经不是“亲密贴近”的问题，而是严重到情报“政治化”的程度了。

虽然在经历了两次提名风波之后，盖茨对自己的情报思想进行了一定程度的反思，尤其是对情报与决策关系的认识有所理性回归，但就总体而言，他还是情报“贴近”决策观点的坚定拥护者。

可见，“亲密贴近”派虽然抓住了“情报必须首先贴近决策才能更好服务决策”这一关键，但却容易失之于过度亲密所导致的情报与决策关系失衡，并最终造成情报与决策两败俱伤的尴尬境地。贴近不是问题，问题是亲密的界定，毕竟“亲密生出轻蔑和小孩”[③]；而过度的亲密，除了生出决策对情报的轻蔑之外，恐怕还会

---

① Roy Godson, ed., *Intelligence Requirements for the 1990s: Collection, Analysis, Counterintelligence*, Covert Action, Lexington, MA: Lexington Books, 1989, p. 111.

② Paul Horvitz, “Ex-Aide Calls CIA Under Casey and Gates Corrupt and Slanted”, *New York Times*, October 2, 1991.

③ 马克·吐温的名言，原文为“Familiarity breeds contempt and children.” 参见 http://www.brainyquote.com/quotes/quotes/m/marktwain107757.html.

生出情报“政治化”这一怪胎。

需要指出的是，“保持距离”、“谨慎接触”和“亲密贴近”的观点，尽管在对情报与决策关系的看法上存在区别，它们最终的目的，都是试图解决如何更好发挥情报服务决策的作用问题。“保持距离”和“谨慎接触”更为注重情报的客观性；“亲密贴近”则更加重视情报的针对性和及时性。不论是强调客观性还是针对性，都只是针对美国情报服务外交决策的某一侧面或在实践中容易产生偏差的所在。换句话说，它们在本质上有其殊途同归的一面，即“殊途”于站位和侧重点的不同，“同归”于二者之间良好关系的建立以及“美国至上”国家利益的实现。因此，可以用下表进行简单的归纳和说明。

表 1　美国情报与外交决策关系认知“殊途同归”表

属性 / 派别	殊途				同归
	针对性	客观性	及时性	站位	
保持距离	一般	极强	一般	最左	建立良好关系进而实现美国家利益
谨慎接触	较强	较强	一般	偏右	
亲密贴近	极强	一般	极强	最右	

其实，为了建立和提升美国情报与外交决策之间的良好关系，进而保障在国家间博弈中美国国家利益的最大化，美国的决策者们在相关理性思考和理论探讨的基础上，从制度设计、战略规划、平台模式等诸多方面进行了认真的思索和全面的安排。

第二章　制度设计

自从美利坚合众国诞生以来，美国政治体制的奠基人和设计者就不断在理性思考之上完善其制度建设，而法制建设又成为包括情报与外交决策在内的美国治国之道的重要抓手。就美国情报与外交决策关系研究而言，从《美国宪法》到《情报改革和恐怖主义预防法》等，都从不同的层面进行了程度不等的设计与安排。只有在充分了解和掌握相关法律规定及其衍生设计的前提下，才能真正做到对美国情报与外交决策之间的关系心中有数，进而深入到美国情报与外交决策关系研究的核心所在。可以毫不夸张地说，这些相关法律、法规的思考与设计，是美国情报与外交决策一切现行体制与行为的源泉。

第一节　宪法定位

《美国宪法》是美国政府的核心法律文件，也是美国最高法律。200 多年以来，它一直引领着美国政府机构的变迁，为政治稳定、个人自由、经济增长以及社会进步提供了坚实的法律基础，将其称为美国的立国之本亦不为过。作为世界上第一部成文宪法，《美国宪法》历久弥新的奥妙就在于其“简约而不简单”。仅 5000 余字的原则性和根本性阐述可谓“简约”；留有余地的灵活性和开放性可谓“不简单”。就美国情报与外交决策的关系而言，《美国宪法》的重要性在于其明确了美国情报服务外交决策的主体。此种重要地位的体现可以从以下几个方面说起。

首先，宪法明确了外交是联邦政府而非各州的权力，这就将美国情报服务外交决策的对象限定在了美国联邦政府这一单一主体之上。其实，制定宪法的最初动机就是，建立一个拥有广泛权力，制衡各州关系，以及唯一承担诸如国防和外交义务的联邦政府。可见，当年美国的开国元勋们已经意识到外交单一主体的必要性及其对美国繁荣稳定的重要性。

其次，宪法初步确立了总统与国会分享外交权力的制度安排，这就为美国情报服务外交决策的对象进一步限定了范围，也基本排除了三权分立之一的司法分支成为情报服务外交决策主体的可能性。唯一有权解释宪法的美国最高法院在两个多世纪的司法实践中，也充分证实并维护了宪法的这一制度性安排。

第三，宪法的相关规定并未十分具体地明确总统的外交权限，这就为日后总统成为美国情报与外交决策关系的主导力量预留了空间。比如，杜鲁门总统在二战之后就因势利导地推动《国家安全法》的出台，并据此组建中央情报局和国家安全委员会，逐渐形成其后主导美国外交决策的相关平台和机制。当然，宪法制定之时的历史局限性以及制宪者们认识的局限性是导致这一现象的原因之一。比如，当时的制宪者们普遍认为总统领导的行政分支可能会弱于国会的立法分支，因此更加倾向于赋予总统相对更大的权力以制衡立法分支。更为主要的原因，还是社会的迅速发展远远超出了当初制宪者们的想象，其所带来的外交决策理念和机制上的变化，使得总统有机会充分利用宪法预留的广阔空间，不断强化自身主导外交决策的地位。对此，后文有关决策平台和模式的论述中还有更为详尽的探讨。

最后，宪法本身的严肃性和权威性，使得对其修订并不容易，而且需要慎之又慎，这就为美国情报与外交决策关系的原则性安排，提供了长期稳定的制度性保障。宪法自签署以来尽管屡经修订，对包括情报与外交决策在内的总体设计安排，却始终如一地保持了相当的稳定性：一是充分保障总统适应外交决策新需求依法调整行政分支结构的权力；二是充分保障国会依法调查和监督外交决策过程及执行的权力；三是充分保障美国公民的根本宪法权利不受美国情报与外交决策互动的附带损害。

此外，宪法还赋予美国公民依法变更国民政府形式的权力，这就为改变美国情报与外交决策关系的根本形式留下了一扇随时可以开启的门，尽管这扇门或许永远也不会被推开。

总之，《美国宪法》的精髓在于，它向世人传递了一种治国理念，即“无自由则无幸福，无自治则无自由，无宪政则无自治，无道德则无宪政，而无稳定与秩序则以上皆无。”[①] 而欲使美国的幸福建立在“稳定而有序”的世界上，则美国情报与外交决策的良性互动不可或缺。

一、宪法授权奠定总统主导的制度基础

宪法明确规定，美利坚合众国的一切行政权（包括大部分外交权在内）归于总统，即美国实行总统制的政体，这就为日后建立美国特色的情报与外交决策互动平台和机制提供了制度保障。回想制宪之时所有主要欧洲国家采取的治国方式都是君主（立宪）制，美国制宪的先驱者们确实需要极大的勇气和担当，才能提出总统制这一革命性的治国理念和方略。事实上，许多代表还对英国殖民专制的伤痛记忆犹新，担心总统制会走向权力失控。尽管如此，支持总统制的代表还是获得了最终的胜利。事实证明，当初的选择是极为明智而富有远见的。正是总统制的独特安排，促使美国情报与外交决策互动的特色平台和机制得以形成和发展。当然，宪法三权分立制衡的设计，不会允许总统成为美国情报与外交决策关系的“独裁者”，它十分注重将独揽行政大权和大部分外交权的总统，随时置于国会和司法严格的审查与监督之下。总统就职典礼的宣誓仪式就是这一理念形象的说明[②]。宣誓的组织方式本身就充分体现了三权分

① Rossiter Clinton, ed., *The Federalist Papers*, NY: Penguin Putnam, Inc., 1961, p. xvi.

② 宣誓地点在国会山的台阶之上，领誓人为最高法院首席大法官，誓词为《美国宪法》第二条第一款第七项的“我庄严宣誓，我将忠诚履行合众国总统职务，并将竭尽全力维护、保护和捍卫合众国宪法。”

立、制衡的宪法思想，以及总统应时刻以宪法为重、以立法（国会山台阶）和司法（最高法院首席大法官领誓）为念的警醒。这一警醒也始终贯穿于作为美国外交首席决策者的历任美国总统的外交决策之中。但是，这并不妨碍宪法的强力授权使美国总统成为权力巨大的人，这就为其日后主导美国情报与外交决策关系提供了有利条件。

在总统制的框架之内，宪法在明确外交是联邦政府而非各州权力的基础上，按照权力分立与制衡的原则，将外交权力在总统（行政权）与国会（立法权）之间进行了初步的分割。总统成为美国与其他国家关系的主要负责人，是美国在海外的唯一合法代表，负责指定本国大使和其他高级外交官，负责接见外国大使和其他高级官员，在国务卿的协助下管理一切与外国政府的官方交往，亲自参加首脑峰会，通过国务院负责对国外美国人以及国内外国人的保护，决定是否承认新生政权，是否与他国谈判签订条约，或者协商签订不受参议院约束的“行政协定”。

除了上述直接明确的外交授权之外，最为关键的是总统还必须“关注法律得以切实执行”①。为了承担起这样的重任，总统被宪法赋予领导整个联邦政府的行政权及其他一些重要的间接立法权和司法权。

与美国情报与外交决策关系直接相关的行政权力，主要体现在以下几个方面：一是总统无须国会批准就有权颁布行政命令和指令，调整美国情报服务外交决策的组织架构和程序，它们对相关行政机构具备法律效力；二是总统负责各部首脑的提名和任命，包括对美国情报与外交决策影响巨大的中央情报局局长、国家情报总监、国务卿和国防部长；三是在战争或者其他紧急状态之下，国会可以授权总统更多的相关权力，如部分战争决策权。

总统通过其他方式间接获得的外交决策权主要有以下几点：一

① 参见《美国宪法》第二条第三款，原文为“he shall take care that the laws be faithfully executed”。

是尽管宪法声明所有立法权归于国会，但由于多数国会讨论的法案一般由行政部门先行提议，因此作为公共政策首要制定者的总统，拥有一定的立法建议权，即可以根据自身需要进行相关法案的提议，2002 年小布什总统就曾动议国会授予其对伊拉克“便宜行事”的战争决策权；二是作为政党领袖和行政首脑的总统，可以利用其地位影响公众舆论，进而影响国会的立法进程，还可通过白宫的国会联络办公室，及时跟进重要立法活动并劝说国会议员支持某项外交政策，小布什总统就曾在情报上做文章，引导公众舆论促使国会尽快通过授权对伊拉克动武的法案；三是总统拥有很难被国会推翻的否决权，[①] 从而使总统能够相对自由地拒绝不利于其外交决策的立法。四是总统独有的特别豁免权和包括最高法院法官在内的联邦法官的提名和任命权，使得总统又间接具备了影响司法的权力。

尽管宪法较为详细地明确了总统的相关外交权力，却并未赋予副总统、其他内阁成员以及联邦官员具体的外交权力，这为后来总统主导美国情报与外交决策关系埋下了伏笔。

虽然宪法赋予每位总统的权力从理论上讲都一样，但是不同的总统却总会因所处历史环境、自身个性等方面的差异而拥有不同的实际外交决策权，并对服务于外交决策的情报系统施加程度不同的影响。我行我素、唯我独尊的尼克松总统，在其“超级助理”基辛格的协助下，试图集情报分析者与外交决策者于一身，在意的只是自身外交决策能否得以顺利制定和执行，主观上导致因滥用情报而起的“水门事件”，最终在几乎被弹劾的形势下黯然辞职；在外交和情报方面都算是门外汉的里根总统，基本采取一种无为而治的态度对待美国情报和外交决策，“伊朗门事件”这一丑闻的发生也就不足为奇；而出身名门的小布什总统则远不如其曾经担任中央情报局局长的父亲老布什，对美国情报与外交决策关系的把握有些过犹不及，最终涉嫌利用政治化的情报推行其对伊拉克的战争决策。

① 需要两院共同的三分之二多数方可推翻总统的否决。

总之，宪法的基本设计和有力授权充分保障了美国总统日后成为主导美国情报与外交决策关系的首要因素，为美国情报服务外交决策的特色平台和机制的形成和发展，奠定了最为重要的制度基础。

二、宪法授权国会成为监督的有生力量

宪法第一条明确规定联邦政府所有立法权属于由参、众两院组成的美国国会。国会也一直运用这项重要的宪法权力，在包括美国情报服务外交决策在内的国家事务方面，发挥着积极的作用。尽管在美国历史的不同时期，其与行政分支的力量此消彼长，国会却并未褪变为总统决策的橡皮图章。

首先，宪法赋予国会参、众两院法案动议权等较为广泛的立法权力。其中，与外交决策直接相关的有：制定各州之间以及与他国商贸的相关规定；制定移民归化的统一规定；宣战；制定执行宪法所必需的所有法律等。所有这些权力之中，唯有宣战权及其引申而来的战争决策权最富争议，不断遭受来自总统行政分支的挑战甚至挑衅，朝鲜战争就是典型的案例，后文有关章节还有更为详细的论述。

其次，宪法还专门针对总统作出了相关规定。一是总统对某些高级联邦官员的提名和任命必须获得参议院多数的批准，与美国情报服务外交决策息息相关的国务卿、国防部长以及中央情报主任（国家情报总监）等的提名和任命就是如此；二是总统与他国签订的正式条约也必须得到参议院多数的批准方可生效；三是总统“应不时向国会提供有关国家现状的信息，并向国会建议其认为必要和迫切的措施供国会考虑”，即总统必须按期前往国会众议院发表国情咨文，[①] 阐明其包括情报与外交在内的治国方略和立法议程；四是总统

① 参见 http：//en. wikipedia. org/wiki/State_ of_ the_ Union_ address。

在特定条件下还可被司法传讯甚至被弹劾。[①] 国会对总统提名以及条约的否决，是对总统外交决策权间接而有力的制约，直接意味着总统所有行政努力付诸东流。来自国会的压力就曾迫使里根总统主动撤回其对罗伯特·盖茨担任中央情报主任的提名，[②] 而国会的否决也是威尔逊总统当年遗憾地与《凡尔赛和约》失之交臂的重要原因。

最后，国会还可通过专门的听证会甚至成立特别的调查委员会，对美国情报服务外交决策的诸多方面进行审查并提出意见和建议。比较知名的有主要针对隐蔽行动和其他情报非法活动展开调查的“丘奇委员会”，[③] 针对“伊朗门事件”进行调查的特别委员会，[④] 针对“9·11”事件展开调查的“9·11 委员会”[⑤] 等。

可见，国会拥有针对美国情报与外交决策进行监督制约的强大威慑力，防止总统主导的美国情报与外交决策互动平台和机制，在高速运转的同时因滥用权力而脱轨倾覆。当然，国会往往并不直接参与美国情报与外交决策互动的具体过程，其作用更多体现在事后与幕后的监督制约。因此，国会因素不在本书重点探讨之列。

第二节 法律规定

作为美国根本大法的宪法，在分权制衡理念的基础上，就外交决策权进行了粗中有细的简单划分，从而明确了美国情报服务外交决策的具体对象和主体。然而，宪法相对粗线条的特点，决定了其无法就更为具体的制度安排进行详细的设计和规定。正是在宪法的

① 在涉及包括总统在内的联邦官员弹劾案时，只有众议院有权就可能导致弹劾审判的不当行为提起诉讼，而参议院则单独负责有关弹劾的审理以及官员是否有罪的判定，有罪判定的结果是将相关联邦官员开除公职。

② 参见本书第一章有关罗伯特·盖茨的论述。

③ 参见 http://en.wikipedia.org/wiki/Church_committee.

④ 参见 http://en.wikipedia.org/wiki/Congressional_Committees_Investigating_The_Iran-Contra_Affair。

⑤ 参见 http://en.wikipedia.org/wiki/9/11_Commission。

阳光无法照透的地方，法律必须充当起那盏指路明灯的角色。一贯推行世界民主和标榜法制建设的美国，其法律可谓卷轶浩繁、不可胜数；不过，就美国情报与外交决策关系而言，重要的法律尚可陈列，为相关研究提供了一条可行的捷径。其中，《美国法典》就是最为重要的百科全书式法律文献。

一、百科全书式的《美国法典》

《美国法典》（Code of Laws of the United States of America）是美国通用性和持久性联邦法律按照类目的汇编。① 这部百科全书式的法典可谓包罗万象，其中不乏涉及美国情报与外交决策的诸多规定，尤其是第22卷和第50卷的相关内容更是直接涉及美国情报与外交决策关系的方方面面。②

有关总统的如下，§ 2577a："总统应成立工作组考察战略武器削减协议以及其他军备控制协议验证方案，评估此类协议验证条款的相关性"，这一条在美苏削减战略武器的外交谈判中发挥过重要作用；§ 2593a："（a）每年4月15日之前，总统须向众议院议长和参议院外交委员会主席递交一份由国务卿咨询国防部长、能源部长和参谋长联席会议主席且经中央情报主任认可的报告，内容是有关军备控制、核不扩散和裁军的美国相关政策和行动的现状；（c）如果在上述报告中提及某国未完全遵守其对美国的核不扩散承诺，那么总统应在其第二份报告中就采取何种必要应对措施作出评估"，这样的报告在美国对朝鲜、伊拉克和伊朗外交决策时影响巨大；

① 1926年首次正式出版，1934年第二次主体修订出版，以后由美国众议院法律修订顾问办公室负责每6年出版一次主体修订版，小的修订则每年发布一次。现行的《美国法典》于2006年出版。包括总统、国会、军队、外交、国防等共51卷及4个附加建议条款。"通用性与持久性"标准决定了法典并不收录仅适用于小众以及有限期限的法律，如年度拨款或授权法等。判定"通用性与持久性"的依据是法律的内容而非形式，假如年度拨款法中包含持久性的内容，则对该部分内容加以收录。需要说明的是，法典并不包括行政机构颁布的规定、联邦法庭的决议、条约以及各州自行制定的法律。

② 本小节所有引用若无特别注明均源自 *The Code of Laws of the United States of America*.

§ 2778："总统有权控制国防装备和服务的进出口以及提供相关外交政策指导；审定美国军需清单；发放出口许可；要求提供相关谈判信息等"，这样的权力在美国决定对朝鲜、伊拉克和伊朗等国进行制裁时意义重大；§ 3223："（a）总统有权寻求与拥有核燃料生产设施或原材料的国家以及其他合适的组织（如 IAEA）协商达成及时建立相关国际约束机制的共识；（d）总统在协商中应特别注意确保非核国家只有接受 IAEA 所有相关安全规定方可获得既定利益（核燃料供应等）"，上述各项是美国对伊朗核问题采取外交决策的指导方针之一；§ 7117："（c）总统有权建立国际反恐政策联络处以便协调国际反恐战略与行动"，这就为美国情报服务反恐外交决策创造了组织条件等等。

有关国会的如下，§ 2751："国会认为军售只有在下列情况方可批准：与美国对外政策利益一致；与美国对外援助计划（1961 年《对外援助法》）目标一致；与军事需求的性质和程度一致；与受援国经济和财政能力一致；应当特别关注军火销售、军事援助和经济援助之间的平衡，以及军售对社会经济发展以及对现有或潜在军备竞赛的影响"，这就为军事援助他国或外国组织附加了条件，从而使总统作出外交决策时必须慎重考虑；§ 3301（《与台湾关系法》）："（a）总统终止了美国与台湾之间的政府性关系，国会认为有必要制定相关法律以便（1）帮助维护西太平洋的和平、安全和稳定"，这一条是至今美国仍然坚持对台军售的重要法律根据；§ 8501："国会关于伊朗核问题的意见和建议"，自然是美国对伊朗外交决策的重要参考和主要依据；等等。

有关情报的主要是 1947 年《国家安全法》及其相关修订法案（Chapter 15，Title 50），如《爱国者法》、《情报改革与恐怖主义预防法》等，下文还将专门展开进一步论述。

总之，《美国法典》是美国建国以来长期法律实践的经验总结，是对《美国宪法》粗线条设计的较完整阐释和细化。虽然其内容纷繁复杂，令人眼花缭乱，但就美国情报与外交决策关系研究而言，却也有迹可循。比如，有关军控和裁军的规定就与美苏削减战略核武器谈判息息相关，进而对服务于军控和裁军的美国情报提出了新的要求；《与台湾关系法》在美国情报服务其对华决策时就发挥着十分重要的作用；与反恐相关的规定更是直接影响美国情报服务对阿富汗和伊拉克的战争决策；国会关于伊朗核问题的法律文件则对美国情报服务其对伊决策影响巨大。而奠定美国现代情报体系的《国家安全法》及其修订法案，更是美国情报与外交决策研究不可或缺的重要法律文本。此外，法典对一些相关总统行政命令的收录，也为延伸性研究提供了一定的便利，说它是研究美国情报与外交决策关系的法律百科全书并不夸张。

二、奠定现行机制的《国家安全法》

对研究美国情报、外交决策与国家安全的人而言，1947 年颁布执行的美国《国家安全法》[①] 及其相关修订法案是最为重要的法律依据。它对美国情报服务外交决策的诸多方面作出了相对明确而具体的规定。其重要意义在于，奠定了美国情报服务外交决策的现行机制，主要表现在以下几个方面：

首先，《国家安全法》为设立日后成为美国外交决策核心机构的国家安全委员会（National Security Council，简称 NSC）提供了相关法律依据。国家安全委员会是现行美国外交决策的重要机构，是依据《国家安全法》授权总统设立的高级决策顾问机关。自设立以来，其在协调美国情报与外交决策的诸多方面扮演着日益重要的角色。《国家安全法》明文规定，国家安全委员会主席为总统，其他成员为副总统、国务卿、国防部长、国家安全事务助理（又称国家安全顾问）。参谋长联席会议主席是总统的军事顾问，中央情报主任（现为国家情报总监）则担任情报方面的首席顾问。值得注意的是，国家安全顾问的角色不可小觑，其在美国情报与外交决策互动的过程中

① 参见 50 U. S. C. § 401 note。

扮演着双重角色，既是总统有关国家安全事务方面的顾问，又是负责国家安全事务和外交决策的组织者和协调者。

其次，《国家安全法》为建立服务美国外交决策的现代情报体系做出了具体安排。打个形象的比方，《国家安全法》就是美国现代情报体系的“准生证”。如今大名鼎鼎的中央情报局和耳熟能详的中央情报主任（国家情报总监），就是《国家安全法》的直接产物。作为实体的中央情报局的创建以及中央情报主任职位的设立，使得服务于重大外交决策的中央情报（国家情报）成为可能，也为日后成为总统执行外交决策“宠儿”的隐蔽行动（Covert Action）埋下了伏笔。值得一提的是，《国家安全法》还首次将对外情报与对内情报在管辖与职责上进行了明确的区分，规定新成立的中央情报局仅负责对外情报，为其日后成为美国外交决策不可或缺的情报保障机构奠定了法律基础。可以说，没有《国家安全法》，就没有年度支出达750亿美元、从业人员达20余万的现代美国情报体系。①

第三，《国家安全法》为创建国防部和参谋长联席会议给出了具体设计，它们在美国情报与外交决策互动中影响巨大。1947年的《国家安全法》建立了一个名为“国家军事机关”的统一军事指挥机构，并将其置于国防部长的控制之下；1949年修订该法时，“国家军事机关”正式更名为现在的“国防部”；1958年的《国防部重组法》又正式将宪法赋予总统（总司令）的武装力量最高指挥权委托给了国防部长，② 使后者成为美国武装力量的实际最高指挥官，为其成为总统战争决策重要参与者和执行者提供了条件。国防部的建立，不仅对美国武装力量的统一指挥和协调意义重大，而且对美国外交决策的影响巨大，在1962年古巴导弹危机的重大外交决策过程

---

① L. Gordon Crovitz, “Information as the New Arms Race”, *Wall Street Journal*, September 21, 2009, http://online.wsj.com/article/SB10001424052970204488304574424811724030976.html.

② 参见 John Norton Moore, Robert F. Turner, *The Legal Structure of Defense Organization*, Memorandum prepared for the President's Blue Ribbon Commission on Defense Management, pp. 23－28, http://www.ndu.edu/library/pbrc/36L52.pdf.

中，时任国防部长麦克纳马拉就发挥了相当重要的作用。国防部附属机构中，直接服务外交决策的就有参谋长联席会议和各个情报机构，如国家安全局、国防情报局、国家地理空间情报局、国家侦察办公室等。其中，参谋长联席会议的地位尤为特殊。它是国防部长、国土安全委员会、国家安全委员会和总统的军事顾问机构，依法由主席、副主席、主席高级现役顾问以及各军种和国民警卫队参谋长组成。虽然按照 1986 年的《戈德沃特 – 尼科尔斯（国防重组）法》,[①] 参谋长联席会议并不拥有实际指挥权，但是其主席却是国家安全委员会的法定军事顾问，常常在美国重大外交决策中扮演重要角色。

第四,《国家安全法》为总统提交美国国家安全战略报告明确了具体要求，该报告与美国情报服务外交决策密切相关。《国家安全法》对美国总统何时以及如何向国会提交国家安全战略报告做出了十分详细的规定。报告是美国治国方略的宏伟蓝图，其中往往包含众多有关外交甚至情报的纲领性阐述。下文还将就此展开更为详尽的论述，在此不再赘述。

总之，1947 年美国总统杜鲁门最终签署并颁布执行的《国家安全法》，是美国针对国家安全问题制定的一部专门法律，其中包含了诸多涉及美国情报与外交决策的具体规定。国家安全委员会、中央情报局和国防部等事关美国情报与外交决策的重要机构得以依法创建，为建立和调整美国情报服务外交决策的平台机制奠定了坚实的法律基础。从 1949 年起，美国国会又连续主持了多次较大规模的修订，逐步完善了《国家安全法》。随着国会的多次修订，《国家安全法》的意义与影响也在不断地加深。依法创建的各个机构大幅提高了总统的外交决策能力和效率，其中国家安全委员会还始终稳居美国对外决策的核心地位。中央情报局也在与国防部等相关机构的磨合中，不断提高其服务于美国外交决策、进而服务于美国国家安全

---

① 参见 http：//en. wikipedia. org/wiki/Goldwater-Nichols_ Act_ of_ 1986.

的素质和能力。此外，总统每年向国会提交的国家安全战略报告，更是指导美国情报服务外交决策、进而保证决策执行和国家利益实现的大政方针。

三、不断修订的《国家安全法》

为了不断适应国际国内新形势的变化，更好地指导和协调国家安全和外交政策的制定和执行，美国国会先后多次对《国家安全法》进行了重大修订和细微改进，其中与美国情报服务外交决策相关的主要有《对外情报监视法》《爱国者法》《情报改革与恐怖主义预防法》等。

1978 年的《对外情报监视法》，调整了美国情报服务于外交决策（反恐）的侧重方向，进一步明确了（反恐）情报的权力和适用范围。它是国会针对有关美国政府某些部门涉嫌侵犯美国公民个人隐私权利进行听证的结果，对如何开展可能威胁国家安全的对外情报活动划定了界限，明确了规范。其内容主要包括：规定了美国国内非犯罪性侦听只能用于收集对外情报或反情报；界定了所谓外国势力及其代理人的概念；规定了侦听之前必须满足的条件；成立了一个对外情报监视法庭负责审查相关监视申请以及政府拒绝申请的申诉；规定了进行侦听监视的合法程序。其目的是提高反恐情报收集能力，从而发现并瓦解针对美国的恐怖主义行为。这一法案的出台，为“9·11”事件之后《爱国者法》的迅速制定奠定了基础。

2001 年的《爱国者法》，进一步密切了美国情报与外交决策之间的关系。其全称是《2001 年提供拦截和阻断恐怖主义必需的适当工具以团结并巩固美国法》，由此不难想象，法案出台的背景就是“9·11”事件，主题就是反恐。《爱国者法》主要针对服务于外交决策的美国情报进行了修订，内容包括降低情报共享的门槛、放宽信号情报拦截侦听的限制、扫除情报收集和调查的障碍、密切情报收集人员与收集对象之间的关系，目的是高举反恐的大旗，加强情报、外交决策等政府机构之间的合作。其中更是具体提出了对情报收集的新要求，在第9条第902款中还专门将国际恐怖主义活动纳入1947年《国家安全法》的“对外情报”范畴，[①] 从而扩大了服务于外交决策的对外情报收集范围，明确了今后一段时期情报收集的重点和方向。

2004年的《情报改革与恐怖主义预防法》，[②] 彻底改变了服务于外交决策的美国情报组织架构，是美国情报界成立以来规模最大、也最为重要的一次改革与重组。它是“9·11”之后美国政府反省自身的经验总结和具体反映，本质上仍然是针对国家反恐需要而制定的情报界改组法案。第一章《国家安全情报改革法》包括：撤销中央情报主任（DCI），但保留中央情报局局长；设立国家情报总监（DNI），代替中央情报主任作为国家安全委员会和总统的首席情报顾问，但不再兼任中央情报局局长；建立国家反恐中心（NCTC）、国家情报总监办公室（ODNI）、情报界联合委员会（JICC）；以及成立隐私和公民自由监督委员会（PCLOB）。第六章中的《禁止大规模杀伤性武器工作改善法》和《防止恐怖分子获取杀伤性武器法》、第七章《9/11委员会执行法》以及第八章中的“情报事宜”款项，均涉及美国情报与外交决策的相关规定。如“情报事宜”款就规定了情报界如何使用国家基础设施模拟和分析中心（National Infrastructure Simulation and Analysis Center）；而《9/11委员会执行法》则主要规定了美国如何处理反恐战争中外交、援外和军事事务。法案针对情报的改革与重组，力度空前而且影响深远。中央情报主任的撤销使得中央情报局的地位有所削弱，而国家情报总监及其下属机构的设立则增强了国家情报的统一和协调。值得注意的是，涉及面较广且力度较大的改组并未真正改变美国现代情报体系的根本架构。表面上，国家情报总监似乎权力很大，实际上，大部分情报界

---

① *USA PATRIOT ACT*, PUBLIC LAW 107 - 56—OCT. 26, 2001, Washington D. C.: Government Printing Office (GPO).

② 参见 *Intelligence Reform and Terrorism Prevention Act of* 2004, http://fl1.findlaw.com/news.findlaw.com/usatoday/docs/terrorism/irtpa2004.pdf.

成员仍然归属于国防部管辖，尤其在人事协调和预算编制上，留给国家情报总监的空间并不算多。

总之，《国家安全法》的几次重大修订，都是美国决策者认真反思情报服务存在问题的具体反映，目的都是为了让美国情报经过调整或改组，能够更好地适应外交决策机制，从而更加有效地服务于美国外交决策和国家安全。

第三节 行政规范

作为美国外交决策直接参与者与实际执行者的行政分支，历来就对美国情报如何服务外交决策十分重视。为最大限度保证美国外交决策的正确与合理，也为更好执行既定外交决策，上至总统下到各部都制定了不同层级的相关规定加以明确。其中最具代表性的有总统行政命令、总统其他指令、国防部令等。

一、总统行政命令的强力推进

总统行政命令指导情报服务外交决策的重大作用，主要体现在以下两个方面：

一是宪法的模糊授权使得总统行政命令“令出有名”。宪法并未明确授权总统发布行政命令，却有一些较为模糊的授权，如“行政权属于美利坚合众国总统”以及“负责法律切实执行”等。总统可以充分利用上述模糊授权，以捍卫宪法权利的名义针对服务外交决策的情报“便宜行事”。这样的权力在“密西西比诉约翰逊”一案中还曾得到过最高法院的支持。[①] 但这并非说明总统行政命令可以肆无忌惮地为所欲为，甚至凌驾于法律和宪法之上。杜鲁门总统 1952 年 4 月签发的 10340 号行政命令，就因被最高法院裁定违宪而无

① 参见 http：//en. wikipedia. org/wiki/Mississippi_ v. _ Johnson。

效。[①] 从此，美国总统在颁布行政命令需要援引具体法律时变得更加小心谨慎，避免因涉嫌违宪而重蹈杜鲁门的覆辙。总体而言，总统颁布的行政命令通常都能顺利执行。

二是总统行政命令具备完全的法律效力，充分保障了命令的有效执行。颁布行政命令的目的，是指导行政官员和机构管理联邦政府自身的行为，其中自然包括情报服务外交决策。绝大多数命令都是为了执行国会某项具体的法律，因此国会通常会给予总统一定程度的特别自决权，或者援引宪法直接授予行政分支的相关权力。这就进一步增加了总统行政命令的权威性，使其成为联邦政府内部管理的“圣经”和“宪法”。因此，联邦政府的情报服务和外交决策，理所应当按照总统行政命令来组织和运作。此外，情报还常常成为总统得心应手的政策工具、甚至临危受命的救命稻草，总统行政命令也因而历来对情报都较为重视并高看一眼。对美国情报服务、外交决策影响深远的里根总统第 12333 号行政命令就是其中的典型。

“有关其他国家、外国组织和人员及其代理人活动、能力、计划和意图及时、准确和见解深刻的信息对美国的国家安全至关重要。必须采取所有合理与合法的手段确保美国获得最好的情报……为有效规范美国情报行动和保护宪法权利，特规定如下……”[②]。该命令的开篇就给予情报极高的评价，将其上升到保护宪法权利的高度。

12333 号行政命令的主题是“美国情报活动”，目的是扩大美国情报机构的权力和责任，指导美国各联邦机构负责人与中央情报局开展全面的合作以满足信息需求。形象地说，就是为本已拴上缰绳的“野马”——中央情报局松绑，让其更加自如地服务于美国外交决策。例如，允许中央情报局插手国内反情报以及负责国外情报、隐蔽行动和针对美国公民的执法行为。严格来讲，有些举措一定程度上突破了《国家安全法》中有关中央情报局不得从事国内情报活

① 参见 http://en.wikipedia.org/wiki/Youngstown_Sheet_%26_Tube_Co._v._Sawyer。

② 参见 Title 50 – War and National Defense, *The Code of Laws of the United States of America*, p. 57。

动的相关规定。可见，总统行政命令在指导美国情报服务外交决策方面，有时甚至比《国家安全法》走得更远。命令出于保护公民隐私权的考虑，虽然也对可收集信息类型限定了范围，但限定的宽泛和监督条款的缺失说明，所谓保护隐私顶多算是退居其次的考虑。

命令概述了涉及国家安全和情报收集的主要联邦机构和部门的目标和职责，还专门针对情报收集进行了具体规定，强调“此类信息的收集是优先目标，应当采取一种积极、创新和负责的态度进行，且必须与宪法、法律以及合众国建国原则相一致。”①

1981 年的 12333 号行政命令，对美国情报服务外交决策的指导意义主要有四个方面：一是加强情报界内部的分析竞争，以生产更加适合外交决策需求的情报产品；二是要求情报与宪法和法律一致，以保证情报的合法性；三是指导对间谍活动、恐怖主义等威胁的侦察和防范，以确保外交决策所需情报的安全；四是允许法制框架内的自由信息交流，以及时分享外交决策相关情报。正是因为 12333 号行政命令对指导美国情报服务外交决策的意义重大，其后的美国总统又分别对其进行了三次较大的修订并颁布了相应的命令。

2003 年的 13284 号行政命令主要与“9·11”之后成立国土安全部相关，2004 年 13355 号行政命令则侧重强化情报界的管理，而 2008 年 7 月小布什总统签发的 13470 号行政命令修订最多。命令明确了各情报机构的具体职责，规定了情报机构之间如何合作，制定了国内外情报活动的具体管理规定。修订的主要目的是进一步强化国家情报总监的权力，赋予国家情报总监在任命或解除高级情报官员方面更大的影响力，给予国家情报总监新的授权以决定信息运作方式和情报的跨部门管辖，允许国家情报总监协调敏感信息的共享，还授权司法部长制定国内秘密人力情报收集的政策或程序。修订后的命令，授予国家情报总监在与他国情报“安排和协议”上更大的控制权，却让中央情报局具体负责管理和协调工作。难怪时任中央

① 参见 *Executive Order* 12333：*United States Intelligence Activities*，Part II 2.1，1981。

情报局局长迈克尔·海登告诉其下属人员，中央情报局“从命令（修改）一开始起草就深度参与”，而且修改后的12333号行政命令，不过是“重申了中央情报局的法定权威以及在国外开展人力情报和其他秘密活动等方面的领导权。”①

12333号行政命令几经修订的事实本身，就是其重要性的最好说明，其中有关情报调整的重要规定尤其如此。比如，国家情报总监“应当咨询国务卿以确保与外交政策建议相关的情报活动得到考虑，还应当通过合适的政策和程序确保情报活动与法律规定一致，与美国使团团长的责任一致。”② 这就将情报界最高领导的职责，直接与美国外交的原则统一起来。又如，“国务卿应当收集（公开或通过公众资源）与合众国外交政策和国家安全相关的信息。”③ 这又把外交部门主要负责人的职责直接与情报收集结合起来。

与12333号行政命令一样，许多其他行政命令也是美国情报服务外交决策的行动指南和行为规范，还是美国总统巧妙利用宪法“模糊”授权服务外交决策需要的有力工具。小布什总统就在2003年1月23日颁发了第13228号行政命令，修订此前的相关行政命令，要求国土安全部和国土安全委员会协助反恐和国土安全事宜的计划和协调。④

总之，总统行政命令在强力推动服务外交决策的美国情报调整方面，作用巨大且成效明显，在研究美国情报与外交决策关系时应予以足够的重视。

---

① 参见Richard Weitz，“The Long Road Toward Intelligence Reform”，*World Politics Review*，February 2，2009。

② 参见*Executive Order* 12333：*United States Intelligence Activities*，Part I，1.3，（b），（23），2008。

③ 参见*Executive Order* 12333：*United States Intelligence Activities*，Part I，1.8，（a），2008。

④ 参见*Executive Order* 13228：*Establishing the Office of Homeland Security and the Homeland Security Council*，October 8，2001。

二、总统其他指令的明确细化

除了总统行政命令之外，美国总统还不时地发布其他总统指令，目的是执行新政策、启动或终止某种行动、或者引起公众对某项公告的重视，其中许多指令对具体落实服务外交决策的情报工作十分重要。各种总统指令与总统行政命令的不同之处主要有以下两点：

一是历届总统发布的指令因历史背景不同而各具特色，首先就体现在指令形式和名称不尽相同。[①] 杜鲁门时期是“国家安全委员会情报指令”，肯尼迪－约翰逊时期则是“国家安全行动备忘录”，尼克松－福特时期是“国家安全研究备忘录”和“国家安全决策备忘录”，卡特时期变为“总统评估备忘录”和“总统指令”，里根时期是“国家安全研究指令”和“国家安全决策指令”，到了老布什时期变成“国家安全评估”和“国家安全指令”，克林顿时期是“总统评估指令”和“总统决策指令”，小布什时期则是“国家安全总统指令”和“本土安全总统指令”，奥巴马时期又成为“总统研究指令”和“总统政策指令”等。

二是总统指令是否具有法律效力，取决于总统颁布指令的权力、与宪法或法律的冲突以及颁布程序是否合规等因素，而指令是否具备法律效力又直接影响其执行效果。多数总统指令的颁布都是为了制定相关政策，以实现总统所设定和追求的目标，其中当然包括实现外交决策目标的情报服务。总统指令理论上可以通过国会诉诸法律，但是推翻总统指令却并非易事。因此，多数总统指令一般都具备与行政命令相同的法律效力，从而增强了对服务外交决策情报工作的约束力和执行力。

杜鲁门时期，由于美国现代情报体系和外交决策机制刚刚建立，因此总统指令相对较少，且全部通过国家安全委员会发布。如批准针对意大利选举开展隐蔽行动的 NSC－1/1、将隐蔽行动机制化的

---

① 参见“Presidential directive”，http：//en. wikipedia. org/wiki/Presidential_ directive。

NSC－4 和 NSC－10/2 等。[1] 其中的 NSC－68 号令“美国国家安全目标和计划”，更是与对苏遏制的外交决策直接相关。NSC－68 完全可以看作是冷战初期美国最为重要的国家安全战略报告和外交决策指南，对美国情报服务外交决策影响深远，详见后文有关“国家安全战略”一节的相关论述。

肯尼迪时期虽然短暂但却危机连连，因此其有关美国情报服务外交决策的指令就更为简洁而具体。[2] NSAM－6 直接命令预算局处理有关对外援助事宜，NSAM－10 要求国防部和中央情报局提供有关古巴政策的建议，NSAM－35 咨询向土耳其部署中程弹道导弹（IRBM）的意见，NSAM－105 向国务院征求如何处理政变后的埃及和叙利亚关系，NSAM－181 更是古巴导弹危机之前要求国务院、国防部和中央情报局共同提交较为详尽的古巴形势分析报告和情报评估。

尼克松的总统指令与肯尼迪的明显不同，如果说肯尼迪的是简单日常对话，那么尼克松的就是长篇学术论文。这样的指令，优点是能够对美国情报服务外交决策的相关问题进行详尽可信的阐释，缺点则是容易导致把握的困难和执行的延误。长达 7 页的 NSSM－1 开篇就是“为达成有关越南局势的一致性评估以作为决策的基础，总统命令本备忘录中相关人员……就附属问题各自准备回答……”，[3] 学术气息扑面而来，有关国际形势评估的 NSSM－7 更是长达 53 页，[4] NSDM－261 则与高度敏感的向中国出售核燃料直接相关。[5]

---

① 参见“National Security Council: Truman Administration (1947 - 1953)”, http://www.fas.org/irp/offdocs/nsc-hst/index.html。

② 参见“National Security Action Memorandum No. 6”, http://www.fas.org/irp/offdocs/nsam-jfk/index.html。

③ 参见“National Security Study Memorandum 1”, http://www.fas.org/irp/offdocs/nssm-nixon/nssm_001.pdf。

④ 参见“National Security Study Memorandum 9”, http://www.fas.org/irp/offdocs/nssm-nixon/nssm_009.pdf。

⑤ 参见“National Security Decision Memorandum 261”, http://www.fas.org/irp/offdocs/nsdm-nixon/nsdm_261.pdf。

小布什时期的总统指令，完全是美国情报服务外交决策的具体行动指南，更加具有针对性和指向性。NSPD－5 直接要求对美国情报进行全面评估以更好满足外交决策需求,① NSPD－17 则宣称美国的敌人“正在坚决寻求大规模杀伤性武器，美国绝不会让他们如愿以偿……通往和平与安全的唯一途径就是行动。”② 小布什寻求大规模杀伤性武器支撑其对伊拉克战争决策的渴望，由此可见一斑。

奥巴马时期的总统指令则显得中规中矩，如 PSD－1 命令总统国土安全和反恐助理负责跨部门评估改组白宫的方法,③ 从而提升保卫国家和公民安全的能力。

总之，战后美国总统的各种指令虽然略显繁杂甚至琐碎，有些是国家安全战略的重申，有些是具体问题的咨询和落实，还有一些则是长篇大论的阐释，但是不论其具体名称和形式如何，都通过国家安全委员会这个外交决策平台，以约束力很强的指令形式，从宏观到微观对美国情报服务外交决策进行了关注并作出了指示。通过这些具体的指令，总统明确了运用美国情报将事关国家安全的“外交之盾”置于合适位置的具体原则和方法。因此，完全可以从中找到美国情报与外交决策，尤其是与重大外交决策之间互动的蛛丝马迹。

三、国防部命令的补充完善

作为美国外交决策重要参与者的国防部也时常颁布有关命令，主要涉及政策建设、责任指定和具体授权等方面，内容包括法律以及总统或国防部长用于指导、管理和规范国防部的相关信息和要求，

---

① 参见“NSPD－5：Review of U. S. Intelligence”，http：//www. fas. org/irp/offdocs/nspd/nspd-5. htm。

② 参见“NSPD－17 / HSPD 4［unclassified version］：National Strategy to Combat Weapons of Mass Destruction”，http：//www. fas. org/irp/offdocs/nspd/nspd-17. html。

③ 参见“Presidential Study Directive－1：Organizing for Homeland Security and Counterterrorism”，http：//www. fas. org/irp/offdocs/psd/psd－1. pdf。

它制定或描述相关政策、计划和组织，也指定任务、授予权力和分配职责。国防部的命令分为八大主题，分别以1000为起点，以1000为基数递增，[①] 就美国情报与外交决策研究而言，需要重点关注的应该是2000和3000开始的相关命令，也应适当注意5000和8000开始的相关命令。

此外，国防部还发布一些“联合出版”类专门规定，指导（准）军事力量支援实现国家目标的行动，一般而言具有命令的性质，但需要在实践中具体判断。这些以JP打头的系列联合出版物，是对相关规定、战术、技术和程序的框架性描述，每一系列都有一份核心手册作为该系列的基石。比如，JP 2－01就是有关“联合情报”的系列规定，从联合国家情报支援军事行动、国家情报支援联合行动以及联合行动中的地理空间情报等方面进行了详细的描述，为美国情报服务外交决策作出了补充性的具体指导。

① 即：1000——人力资源（文职、军人和预备役）；2000——国际和外交事务；3000——计划和行动、研究和发展、情报和计算机语言；4000——后勤、自然资源和环境；5000——采购和行政管理、组织章程、安全、以及公共和法律事务；6000——健康（卫生）；7000——预算、财务、审计和信息控制；8000——信息管理。参见“US Department of Defense Directives（DODD）”，http：//www. ihs. com/products/industry-standards/organizations/dodd/index. aspx。

第三章　战略规划

除去从美国宪法到各种法律、行政规定对美国情报与外交决策关系的制度性设计之外，美国政府还不断通过各种战略规划来指导美国情报更好地服务于外交决策，“国家安全战略报告”、各种总统“主义”以及国家情报战略就是典型的代表。

第一节　国家安全战略报告

美国《国家安全战略报告》，是指导美国情报服务外交决策的纲领性文件。按照《国家安全法》规定，总统应每年向国会递交一份有关美国国家安全战略的报告（简称国家安全战略报告），新任总统就职150天内，还应向国会递交另一份国家安全战略报告作为当年报告的补充。[①] 规定的初衷是为了协调立法分支与行政分支，使之就战略环境的认识以及行政分支的意图达成共识，以作为未来双方相关对话的起点。报告对美国情报服务外交决策的指导意义有以下几点：

首先，通过报告撰写的过程增强外交决策机构的相互理解和信任，进而提升包括国家安全委员会在内的美国官僚机构的工作效率，促使其合理地作出外交决策。准备报告并同时申请预算，要求跨部门的反复磋商，往往需要举行高层会议协调解决外交决策的内部分歧，这有助于各个机构之间的有效沟通。“就新任政客战略感知能力、官僚机构内部政府的素质和能力而言，少有比向总统书面上报

① 参见50 U. S. C. § 404a（a）。

其未来计划及如何融入、协调和分享更能受教育的了。”[①] 可见，报告的形成过程本身，就是调和美国情报服务外交决策关系以及进行“任职培训”的过程。

其次，报告自身明确的主要目标均与美国情报服务的外交决策密切相关：[②] 一是行政部门将战略性意见和建议与国会沟通，进而使其合法化；二是就此战略性看法与外国政府沟通，尤其是那些未列入美国峰会日程的国家；三是与特定国内受众沟通，如寻求总统认可的政治支持者以及支持制定长远战略的人；四是在行政分支内部营造与外交、国防政策看法一致的氛围；五是为总统建言献策。可见，报告大部分主要目标，就是美国情报所服务的外交决策总方向。第一项与外交决策协调机制有关；第二项直接与外交决策信息反馈有关；第三、四项与寻求外交决策相关意见和氛围营造有关；第五项则强调为首席外交决策者—总统—服务的重要性。

最后，报告本身就是有关美国国家安全和外交决策的综合性情报评估。《国家安全法》明确规定，报告应详细阐释美国的国家安全战略，并且包括五个方面的全面描述，[③] 即：（1）对美国国家安全至关重要的全球利益、目标和目的；（2）美国阻止侵略和执行国家安全战略必要的外交政策、全球义务和国防力量；（3）美国为维护或提升国家利益、实现全球目标，而对美国政治、经济、军事和其他国家力量的短期和长期使用；（4）美国执行国家安全战略的能力和素质，包括支撑国家安全战略执行的多种国家力量平衡的评估；（5）有助于国会了解国家安全战略相关事务的其他必要信息。可见，报告从内容上看就是一份“战略情报”或“战略情报评估”，包含与国家安全息息相关的外交决策诸多方面。例如，（1）是外交决策的终极目标，（2）、（3）、（4）是执行外交决策的基础和方法及其评

---

① 参见 Don M. Snider，“The National Security Strategy：Documenting Strategic Vision”，Second Edition，Strategic Studies Institute，March 15，1995，p. 6.

② ibid.，p. 5.

③ 参见 50 U. S. C. § 404a（b）.

估，（5）是其他补充性信息。

严格来说，1986 年《戈德沃特－尼科尔斯国防部重组法》在 1947 年《国家安全法》修订之前，并没有所谓“合法”的国家安全战略报告，[①] 但是曾经出现过一些公认的国家安全战略，其中最为著名就是“美国国家安全目标和计划”（NSC－68）[②]。这份由美国国务院政策规划室准备的报告，是冷战时期美国政府最有影响力的文件之一。它详细描绘了冷战的战略环境，认为美国面临的最紧迫威胁就是苏联的敌意和行为，而且此种威胁还将随着苏联武器库的扩充而急剧增加。它阐述了美苏两国各自的意图和能力，提供了可以采取的行动方式及其评估，如重回孤立主义、冷战变热战、继续与苏联谈判的外交努力等。报告认为，最为可行的方式是同样大规模扩充美国自身的军事力量和武器装备。这份计划是遏制思想的军事化、政策化和国家化，为日后“杜鲁门主义”遏制战略的正式成型奠定了思想基础。

虽然报告取得了“合法”地位，但美国总统并未严格按照《国家安全法》的规定每年向国会提交国家安全战略报告，[③] 但提交的报告一般都发挥了重要的外交决策战略指导作用，为情报服务指明了大方向。小布什 2002 年提交的国家安全战略报告，[④] 就彻底抛弃了冷战式的威慑主义，吹响了先发制人向恐怖主义宣战的号角，进而逐渐形成其执政期间外交决策的主要指导思想——“布什主义”。也正是“先发制人”的急迫心情，使得小布什政府不惜“借用”情报的“力量”寻求向伊拉克进军的借口，后文案例研究一章中还将就

① 参见 Catherine Dale，“National Security Strategy：Legislative Mandates，Execution to Date，and Considerations for Congress”，*CRS Report for Congress*，May 28，2008，p. CRS－3。

② 参见“Note of the Executive Secretary to the National Security Council on United States Objectives and Programs for National Security”，*NSC－68*，April 14，1950.

③ 如里根 1989 年、老布什 1992 年、小布什 2001 年、2003 年、2004 年、2005 年、2007 年和 2008 年，奥巴马 2009 年、2011 年、2012 年就未曾提交。参见 http：//nssarchive. us/。

④ 参见“National Security Strategy of the United States of America”，September 2002，available at：http：//www. state. gov/documents/organization/63562. pdf。

此详细论述。而奥巴马2010年提交的国家安全战略报告,[①] 则远离其前任小布什“先发制人”的军事打击思想，转而倡导与俄罗斯、中国、印度和伊朗积极接触的外交政策，将核不扩散与气候变化作为优先决策因素，同时强调美国的安全应主要依靠自身经济的复苏，并且还刻意剔除了诸如“伊斯兰激进主义”的字眼，而改用一般性的恐怖主义来描述，也正是出于核不扩散在外交决策中优先考量的缘故，才促使奥巴马政府不断围绕伊朗核问题大做文章，对伊朗采取揪住不放、步步紧逼和双重遏制的政策，意在迫使该地区最后一个与美国为敌的政权乖乖就范。

总之，美国如果没有国家安全战略作为其外交、经济和军事战略的阶段性总方针，就不可能对未来的挑战进行合适有效、切实可行的应对。从NSC-68的“军事遏制”，到小布什的“先发制人”，再到奥巴马的“合作接触”，分别为美国情报服务外交决策明确了“遏制苏联”、“反恐至上”和“重振美国”的总方针，进而指明了服务“美国至上”国家利益的总方向。

第二节　形形色色的总统“主义”

“主义”的含义颇为丰富，如“主旨、主体”、“主张、观点”、“有系统的理论学说或思想体系”、“一定的社会制度或政治经济体系”、“思想作风”等[②]。此处的“主义”则指特定形势、地区或者政府的一系列原则或实践。而美国外交的一大特点，就是多数总统的外交政策均被冠以“××主义”的方式传递给国际社会。

各种“主义”要么是总统独自操刀，要么是总统在顾问的协助下完成。其中固然有美国崇尚个人主义的因素，也有诸如推进全球

① 参见“National Security Strategy of the United States of America”, May 2010, http://www.whitehouse.gov/sites/default/files/rss_ viewer/national_ security_ strategy.pdf。

② 参见《辞海》，上海：上海辞书出版社，2000年版，第3409页。

民主一类的美国传统因素，但更为主要的原因，是对美国一段时期之内外交政策进行纲领性总结和指导的需要。其内容可能是国家安全战略的延伸和拓展，但更为注重发出美国外交政策调整的信号，因而更能反映美国外交决策的基本原则与侧重方向，进而指导美国情报服务的相应调整和转型。在此种意义上，总统们的“主义”比国家安全战略报告更“重”一筹。

总统“主义”的诞生有时简单明了，如杜鲁门主义；有时则需要从众多行政声明、文件和行为中提炼而成，如所谓“奥巴马主义”。美国现代情报体系建立以来，各种总统的“主义”层出不穷，每位总统都可以说拥有自己的“主义”。就美国情报服务外交决策的影响而言，代表性的总统“主义”有“杜鲁门主义”、“艾森豪威尔主义”、“卡特主义”、“里根主义”、“布什主义”等。

一、“杜鲁门主义”奠定情报服务遏制战略的基础

“杜鲁门主义”首次出现在杜鲁门总统1947年3月12日的国情咨文中，[①] 是对英国不再负责向希腊内战中反对希腊共产党的政府提供军事和经济援助的直接反应。杜鲁门在讲话中请求国会支援希腊政府反对希腊共产党，还同时请求对同样依靠英国支持的土耳其也给予适当援助。他坚信苏联是希腊共产党的幕后支持者，共产党在希腊的胜利将危及土耳其，进而打破中东的政治稳定，产生所谓苏联共产主义扩张的“多米诺效应”。该地区对美国国家安全战略意义重大，因此绝不允许这样的事情发生。他还认为，极权主义的扩散将破坏国际和平的基础，并进而威胁美国的安全。因此，美国有义务帮助“自由人民”反抗“极权统治”。他还相信，美国的国家安全不仅依赖于国土本身的安全，而且依赖于利益相关地区的安全稳定。因此，美国不能对苏联极权主义的扩张袖手旁观。

① “President Harry Truman's Address Before a Joint Session of Congress”, March 12, 1947, http: //avalon. law. yale. edu/20th_ century/trudoc. asp.

“杜鲁门主义”是凯南对苏遏制思想的扩大化和政策化。其主要内容是：美国应当向所有遭受外部或内部极权力量威胁的民主国家提供政治、军事和经济援助。其重要意义是，重新有效调整了美国的外交政策方向，从消极回避不涉及美国的地区冲突转变为积极卷入远离美国的地区事务。它意味着对苏长期冷战的开端，标志着美国长期孤立主义政策的终结以及战后世界领导者角色的登场，是此后四十年美国外交决策的指导思想，其对日后美国诸多重大外交决策产生了深远的影响，遏制、威慑等冷战时期著名的外交决策就是其中的典型代表。正是因为“杜鲁门主义”所倡导的遏制战略，美国才会滑入为遏制而遏制的深渊，在错误的时间、错误的地点用错误的理由打了多场错误的战争。朝鲜战争中美国情报机构对苏联和中国意图的误判，导致美国陷入战略上的被动，最终首次在未能获胜的停战协议上签字；“以防万一”的过度遏制思想，导致约翰逊政府“充分”利用并不准确的“东京湾事件”情报，将美国拖入了越南战争的泥潭。可见，“杜鲁门主义”对美国情报服务外交决策的影响是战略性的，无数美国情报与外交决策成功与失误的案例都能从中找到思想根源。

为了更好适应美国外交方向的调整，以及执行对苏遏制的战略决策，杜鲁门推动制定并且签署颁布了对美国现代情报体系和外交决策机制影响深远的《国家安全法》，为美国情报和外交决策互动体系的形成和发展，奠定了最为重要的法律基础。虽然在创建之初有过诸多不足乃至失误，但不可否认的是，美国现代情报体系和外交决策机制，正是在“杜鲁门主义”的直接推动之下萌生并迅速发展起来的。

二、“艾森豪威尔主义”推进情报服务遏制战略的建设

“艾森豪威尔主义”是艾森豪威尔总统1957年1月5日给国会

的报文（message）中首次提出的。[①] 主要内容是：允许遭受武装入侵威胁的任何国家，向美国请求经济、军事援助；宣称美国的外交政策，是采取军事干涉中东事务的方式保护该地区合法政权免遭苏联共产主义的颠覆。“艾森豪威尔主义”的出台，主要是为了应对苏联可能利用“苏伊士运河危机”渗入埃及而导致常规战争。

1956年苏伊士运河危机之后，随着苏联对埃及和叙利亚影响的日益增强，以及阿拉伯世界对西方敌视的不断增加，艾森豪威尔坚信由埃及领导的“泛阿拉伯运动”已经完全向苏联敞开了怀抱。为了防止苏联填补英、法两国从中东地区抽身后所留出的“权力真空”，他承诺向需要的地区部署部队“以确保（该地区）国家领土完整与政治独立，抵御共产国际所控制国家明目张胆的入侵”。

1958年，认为自己受到泛阿拉伯民族主义政变威胁的黎巴嫩政府，请求美国援引“艾森豪威尔主义”给予帮助，艾森豪威尔担心苏联利用这一危机在中东夺取立足点，同时还考虑到美国高度依赖中东石油，决定兑现承诺部署海军陆战队拯救黎巴嫩政府。结果却是政变并未发生，海军陆战队也于当年10月无功而返。

可见，“艾森豪威尔主义”是“杜鲁门主义”的延伸和发展，是军事色彩更为浓烈的“杜鲁门主义”。就美国情报服务外交决策而言，它的重要意义在于提升了为遏制战略服务的美国情报。

首先，正是根据服务“遏制”需求的情报评估，成就了黎巴嫩政府危机中“艾森豪威尔主义”的具体实践。[②] 其次，为了更好地实施遏制战略，艾森豪威尔签署了《国防部重组法》《国防教育法》[③]《国家航空航天法》等一系列提升美国现代情报建设的法律。

---

① 参见“President Eisenhower: The Eisenhower Doctrine on the Middle East, A Message to Congress, January 5, 1957”, *The Department of State Bulletin*, XXXV1, No. 917 (January 21, 1957), pp. 83－87。

② 参见SNIE 36. 4－58, “Consequences of Possible US Courses of Action Respecting Lebanon”, available at: http://history.state.gov/historicaldocuments/frus1958－60v11/d60。

③ 参见“National Defense Education Act”, http://npaphistory.wikispaces.com/National＋Defense＋Education＋Act。

最后，为了更加有效地遏制苏联，艾森豪威尔 1954 年授权中央情报局研发一种超高空侦察机，用于及时透过“铁幕”侦察苏联武库（主要是核武库）的变化。[①] U－2 高空侦察机的成功研制提供了一种崭新、有力的情报侦察平台。它的空中侦察表明，美苏之间确实存在所谓的“导弹差距”，不过天平却是向美国有利的一方倾斜，从而让原先夸大其辞的“导弹差距论”不攻自破，为艾森豪威尔作出合理的外交决策提供了坚实的情报支撑。也正是 U－2 出色的高空侦察能力，为古巴导弹危机的和平解决立下头功，后文案例研究中还将就此详细论述。

三、“卡特主义”回应情报服务遏制战略导致的失误

“卡特主义”是卡特总统在 1980 年 1 月 23 日的国情咨文中提出的外交政策，宣称美国必要时将使用军事力量捍卫其在波斯湾的国家利益。“卡特主义”产生的背景，是 1979 年伊斯兰原教旨主义者推翻美国支持的伊朗国王、扣押美国大使馆人质，以及苏联对阿富汗的入侵。“卡特主义”的目的，则是阻止苏联寻求在海湾地区的霸权，以及保障中东油田和波斯湾航道的安全。卡特认为，苏联入侵阿富汗是对“中东石油自由流动的严重威胁”，并宣称“让我们的立场绝对清楚：任何外部势力控制波斯湾地区的企图，都将被视为对美国核心利益的攻击，这样的攻击将遭到任何必要形式的反击，包括军事力量的使用。”[②]

“卡特主义”其实是“杜鲁门主义”和“艾森豪威尔主义”的进一步深化和调整。“杜鲁门主义”宣布美国将向遭受苏联共产主义威胁的国家提供军事援助，主要针对的就是希腊和土耳其的安全；

---

① 参见“Presidential Reflections on U. S. Intelligence：Dwight D. Eisenhower”，available at：http：//www. cia. gov/news-information/featured-story-archive/2010-featured-story-archive/dwight-d-eisenhower. html。

② Jimmy Carter：State of the Union Address，23 January 1980，http：//www. usa-presidents. info/union/carter－3. html。

"艾森豪威尔主义"进一步呼吁直接向中东派遣部队帮助盟国抵抗苏联及其代理人;"卡特主义"则声称中东地区是美国不惜用武力保卫的战略重点。

"卡特主义"的出笼,意味着日趋解冻的冷战又趋紧张。为了填补突然出现的军事真空地带,卡特下令组建无需前进基地和友好国家设施支持的快速反应部队(RDF),同时增加美国海军在波斯湾和印度洋的存在。波斯湾和中东地区一时成为世界上最为动荡不安的热点。"卡特主义"还进一步强化了海湾地区在美国外交决策中的核心地位,为日后美国有关这一地区的外交决策确立了方向和原则,海湾战争、阿富汗战争和伊拉克战争决策都能找到"卡特主义"的影子。

从美国情报服务外交决策的角度看,"卡特主义"可以说是一系列重大情报失误之后仓促反应的产物。在伊朗伊斯兰革命前夜,有关伊朗局势的情报分析,错误地认为伊朗国王对已经逐渐失控的伊朗局势仍然拥有一定的控制力,[①] 使得美国对伊朗革命带来的骤变缺乏必要的准备,还导致"美国驻伊朗大使馆人质危机"长期拖而不决。情报也未能及时预测苏联悍然发动对阿富汗的入侵,[②] 导致美国无法及时调整其中东政策而只能被动应对。诸如此类的一系列情报失误,使得美国只能采取一种如同"卡特主义"一般、更加强硬的外交政策遏制苏联的扩张。

四、"里根主义"强化情报服务遏制战略的功能

"里根主义"是里根总统于1985年的国情咨文中首次系统阐述

---

① 参见 Barbara Zanchetta, "The United States and the 'Loss' of Iran", *Working Papers in International History and Politics*, No. 4, June 2009, pp. 16 – 17; Alexios Giannoulis, "Intelligence Failure and the Importance of Strategic Foresight to the Preservation of National Security", Research Paper, No. 155, October 2011, King's College London, University of London, p. 18.

② 参见 "The Soviet Invasion of Afghanistan in 1979: Failure of Intelligence or of the Policy Process?", Working Group Report, No. 111, September 26, 2005, Institute for the Study of Diplomacy, Edmund A. Walsh School of Foreign Service, Georgetown University.

的外交思想。它号召美国人民支持尼加拉瓜反政府武装、阿富汗穆斯林游击队以及安哥拉“彻底独立全国同盟”等反共组织，宣称“我们绝不允许那些从阿富汗到尼加拉瓜，在（世界）各大洲冒着生命危险抵抗苏联侵略和捍卫我们与生俱来权利的人丧失信心。对自由战士的支持就是对自己的保卫”。[①] 可见，“里根主义”是“卡特主义”的自然延伸。

“里根主义”对美国外交政策的影响一直延续到苏联的解体和冷战的结束。它是凯南最初遏制思想和美国遏制战略发展到巅峰的具体体现，即遏制的重点已经从防止共产主义传播，升格为消灭现存共产主义政权并鼓励建立资本主义民主国家，其出发点就是对诸如尼加拉瓜反政府武装之类反共组织的财政和军事援助，实施方法就是公开和秘密的大力支持。

“里根主义”的重要意义在于，它重新松开了美国情报服务外交决策的缰绳，让20世纪70年代开始对美国情报大规模调查形成的成果遭到破坏。正是在其思想指导之下，美国情报在服务外交决策之路上才偏离正轨。“里根主义”的实践确实加速了苏联的解体，却也正是因为其一味强调对尼加拉瓜反政府武装的支持，而最终使服务外交决策的情报走向失控的边缘。国家安全委员会班子成员诺思中校，为执行支援尼加拉瓜反政府武装的外交决策，不择手段开展非法隐蔽活动，最终导致令里根蒙羞的“伊朗门事件”发生，[②] 成为美国情报服务外交决策永恒的教训。

五、“布什主义”推动情报服务反恐战略的整改

“布什主义”诞生的背景正是对美国造成惨重损失的“9·11”事件。在事件发生后的一次国会发言中，小布什总统宣布，美国将

---

① “Ronald Reagan - State Of The Union 1985”, http://reagan2020.us/speeches/state_of_the_union_1985.asp.

② 参见 Elizabeth E. Anderson, “Covert Action and American Foreign Policy: The Iran-Contra Operation”, *Conflict Quarterly*, Fall 1993。

“不区分具体实施这些暴行的恐怖分子和向他们提供庇护的恐怖分子”。[①] 这次发言之后不久，美国就以反恐的名义发动了阿富汗战争。随着反恐的逐步深入，小布什推行的反恐政策也日渐清晰，内中思路汇总为2002年9月17日发布的国家安全战略，并成为“布什主义”的正式来源。其主要内容是，“美国如今的安全环境已经大不相同。然而美国政府的首要任务依然是保护美国人民和美国利益。美国一贯的原则是，政府有义务动用一切国家力量，在威胁导致严重损失之前预测和应对威胁。不论敌人攻击时间、地点的不确定性如何，威胁的程度越高，无所作为的风险就越大，采取预先措施自卫的要求也就越高。而使用大规模杀伤性武器进行恐怖袭击更是最大的威胁。要阻止这样的威胁，美国在必要时必须先发制人行使自卫权”。[②] 其核心就是，允许在敌人（恐怖分子）有能力发动针对美国的攻击之前，先发制人防止潜在威胁的发生。随后的伊拉克战争也主要依据这样的指导思想进行。

“布什主义”对美国情报服务外交决策的意义主要有两个方面：一方面，它对美国外交决策方针作出了重大调整，使反恐成为美国外交决策的重中之重。它与美国从冷战到“9·11”事件期间一贯执行的“威慑”外交政策背道而驰，与里根政府时期较有影响的“克尔帕特里克主义”也不尽相同。[③] “9·11”事件让美国在苏联解体之后找到了真正的敌人——“恐怖主义”，也迫使小布什从执政初期的单边主义转向日趋成熟的“布什主义”。其两大支柱是，对潜在敌人的先发制人和推动民主政权变更。四大要点是，先发制人、军事

① “The text of President Bush's address”, Tuesday Night, September 11, 2001, after terrorist attacks on New York and Washington, http://edition.cnn.com/2001/US/09/11/bush.speech.text/index.html? _ s = PM: US.

② “National Security Strategy of the United States of America”, September 2002, http://www.state.gov/documents/organization/63562.pdf.

③ “克尔帕特里克主义”是美国驻联合国大使让·克尔帕特里克于20世纪80年代初提出的政治主张，主要内容是试图解释美国支持第三世界独裁国家反对共产主义政权的行为。参见“Kirkpatrick Doctrine”, http://www.encyclopedia4u.com/k/kirkpatrick-doctrine.html。

为先、新单边主义和传播民主。另一方面，它促使服务反恐需要的美国情报能力大幅提升。为了适应反恐外交的新需求，小布什政府在总结“9·11”事件经验教训的基础上，依据2004年《情报改革与恐怖主义预防法》对情报界进行了重大改组，寄希望于通过设立国家情报总监等重大举措，大幅提升美国情报服务外交决策的能力。也正是“布什主义”一切为了反恐的指导思想，让小布什在发动伊拉克战争时，不惜“制造”虚假情报来彰显其动武的正义性，让服务于外交决策的美国情报再次背负骂名，后文案例研究一章中还将就此详述。

总之，各种美国特色的总统“主义”，都反映了一定时期美国外交的大政方针，是美国情报服务外交决策的指导思想、行动指南甚至间接结果。“杜鲁门主义”的初步遏制战略，催生了美国现代情报体系和外交决策机制；“艾森豪威尔主义”的军事遏制战略，带来了情报侦察的新平台——U-2高空侦察机；“卡特主义”的积极军事遏制战略，一定程度上就是美国情报服务外交决策失误的产物；“里根主义”的进攻性全面遏制战略，充分释放了美国情报服务外交决策的能量，并导致“伊朗门”丑闻的发生；“布什主义”的先发制人战略，更是依据反恐需求对美国情报界进行了重大改组。它们在对美国外交决策产生重大影响的同时，也改变着美国情报服务外交决策的方式和内涵。

但是，从美国情报服务外交决策的长远来看，各种“主义”又随着国际国内形势的变化，或消亡或调整。西奥多·罗斯福提出“门罗主义推论”时，[①] 肯定希望其能够成为美国外交决策的长期指导思想。然而，1982年英国因“马岛”（英国称福克兰群岛）归属问题与阿根廷开战之时，罗纳德·里根也只能将“门罗主义推论”抛之脑后。苏联解体为标志的冷战结束，也意味着“杜鲁门主义”

---

① 参见 President Theodore Roosevelt, *Annual Messages to the United States Congress*, December 6, 1904 and December 5, 1905. 主要观点是重申“门罗主义”，反对外部势力干涉美洲事务，推进美国成为西半球的警察并最终赢得世界霸权。

的寿终正寝。因此，服务于外交决策的美国情报也应与时俱进，不断调整自身与外交决策之间的关系，继续更好地领会各种新总统“主义”的思想，扮演好外交决策“先知”和顾问的角色。

第三节 国家情报战略

颁布美国国家情报战略（NIS），是国家情报总监办公室（ODNI）的职责权限，其成立之初即着手制定国家情报战略。它是一份在长期反思美国情报服务外交决策的基础上，有关美国情报的宏观设计和总体安排，也是美国情报服务外交决策的行动纲领，对美国情报与外交决策的关系研究至关重要。

第一份国家情报战略发布于2005年，详尽描述了美国情报界急需进行的“大修”。按照2005年的国家情报战略，美国情报界将创建一个新的信息共享体系，同时整合现有资源以满足其任务与机制需求。而该情报战略的法律基础就是2004年的《情报改革与恐怖主义预防法》。[①] 它从上述法律的相关规定中整理出两大类、十五项情报战略目标。第一类是任务性战略目标，即“预测、明悉和先行消除针对我们国家安全的威胁，并且协助所有执行美国国家安全政策的人员和机构，打我们的战争，保卫我们的国家，以及强化我们国家安全政策目标的相关执法”。[②] 这样的任务目标具体包括五项内容：击败恐怖分子；防止大规模杀伤性武器扩散；支持民主政权或向往民主的政权；提高现有分析能力；以及增强战略预警。第二类是机制性战略目标，即在威胁出现之前就完成情报能力转型，保护应当受到保护的，履行法律赋予的职责。上述目标具体包括十项内容：允许司法部门更大力度的介入；打造鼓励不同观点和突出专业技能

① 参见 *Intelligence Reform and Terrorism Prevention Act of* 2004, available at: http://fl1.findlaw.com/news.findlaw.com/usatoday/docs/terrorism/irtpa2004.pdf。

② “National Intelligence Strategy of the United States of America”, October 2005, p. 4.

的新文化；优化收集能力；雇用拥有不同技能且注重结果的职员；变“需要知道”为“需要共享”；加强与盟国情报部门的合作；制定新的统一安全规定；建立统一的科学技术活动流程；建立鼓励能者多得的奖励机制；以及裁减冗余系统且优化现有项目。

为了具体落实2005年国家情报战略的相关设想和要求，国家情报总监办公室又分别于2007年4月11日和2007年10月10日发布了执行2005年国家情报战略的阶段性计划，即有关美国情报界整合的“百日规划”[①] 和“五百日规划”。[②] 该阶段性计划按照透明和负责的原则制定，规定了具体的实施期限和应当完成的事项，目的是通过具体的指示构建情报转型的基础，进而加速实施服务外交决策需求的国家情报战略。

“百日规划”就情报整合与转型明确了六个重点领域，即：建设协作文化；强化收集和分析转型；建设领先技术和平台优势；实践现代化商业管理模式；加速信息共享；以及明确并尊重国家情报总监的权威。该规划的出台，标志着情报改革新阶段的开始。虽然只是描绘了对重要情报事务而言较为具体、可以衡量的短期目标，但从长远来看，却是向真正“一体化”情报界转型的动力所在。

“五百日规划”是“百日规划”结束之后继续实施2005年国家情报战略的新阶段计划。其出发点是：继续整合情报界，以应对日益多元化和不确定的新威胁；打造情报界之间的无缝连接和跨部门协作，从而提升服务于广泛情报用户和合作伙伴的能力，进而降低美国面临的风险。其内容与“百日规划”基本一致，可以说是其延续性规划，但更为强调通过聚焦行动和改变、采取跨部门工作组的方式实施整合。

随着国内外形势的迅速变化，美国国家安全与外交决策的优先

---

① “United States Intelligence Community（IC）100 Day Plan for Integration and Collaboration”，April 11，2007，http：//www. fas. org/irp/dni/100-day-plan. pdf.

② “United States Intelligence Community 500 Day Plan for Integration and Collaboration”，October 10，2007，http：//www. fas. org/irp/dni/500-day-plan. pdf.

考量也随之不断调整，美国情报界也必须紧跟形势，随时适应新生威胁和及时把握有利时机。2005 年的国家情报战略，已经无法很好地满足美国国家安全与外交决策的现实需求。因此，2009 年 8 月，国家情报总监办公室又对其进行了修订和升级。2009 年国家情报战略反映了对反恐认识的新提升，强调了在虚拟空间面临的新挑战，指导了未来情报界能力拓展的新方向，明确了今后四年美国情报界计划和行动的优先考量。在重申情报在国家安全与外交决策中重要角色的同时，该战略通过一份可执行的具体计划，奠定了问责的基础，确保情报界能够按时实现预期目标。

目前为止仅有的两份美国国家情报战略，是统筹美国情报服务国家安全和外交决策的纲领性文件，为建设真正一体化的情报界，描绘了蓝图并指明了方向。其中蕴含了情报整改战略的三个关键词，即：协作融合、开放灵活以及彰显美国价值观。协作融合就是要实现“一加一大于二”；开放灵活就是要勇于创新和主动作为；彰显美国价值观就是要宣扬民主、尊重人权、赢得信任和遵纪守法。美国情报试图通过这样积极的战略性整改，在未来服务外交决策方面更上一个台阶。同时，自身内功的增强，还有助于更好地建立美国情报与外交决策之间的良好关系，进而为实现美国外交决策与国家安全利益最大化提供必要的条件。

总之，保障美国情报与外交决策良性互动的各种制度设计和战略规划已经基本完备，美国情报服务外交决策的特色模式和平台也就呼之欲出了。

第四章　平台模式

虽然有了宪法与各种法律、行政等相关制度设计和规定，有了国家安全战略、各种总统“主义”和国家情报战略等相关战略规划，但再完美的制度设计和战略规划，也无法离开行之有效的相关平台和模式。美国现代情报体系建立以来，美国情报与外交决策之间就一直竭力建立一种恰当的关系。在历经诸多教训和总结无数经验的基础上，美国情报与外交决策双方都一直在深刻反躬自省，致力于积极调整自身与对方的关系，不断完善相关平台和模式。就美国情报与外交决策互动而言，首要的平台就是总统主导的国家安全委员会（National Security Council），主要原因有二：一是美国总统在美国情报服务外交决策领域无法撼动的主导地位；二是美国国家安全委员会的法律地位及其与总统的密切关系。只有在总统主导的国家安全委员会平台之上，美国情报与外交决策才能找到建立良好关系的平衡点，并及时做出相应的调整和修正。

在深入探讨相关平台和模式之前，必须首先回答一个无法绕过、简单而重要的问题，即“谁在负责美国的外交决策？”换句话说，美国情报服务的外交决策对象是谁？

按照玛尔加内特·G. 赫尔曼和查尔斯·F. 赫尔曼的观点，[①] 美国国家安全委员会（NSC）属于第二种类型，即“单一主体”型的外交“终极决策单元”（Ultimate Decision Units）。这种决策类型的关键是内部成员的意见是否一致，一致则只需考虑内部动态即可，不一致则还需考虑何种外部因素对其产生影响，进而决定外交决策

① Margaret G. Hermann, Charles F. Hermann, “Who Makes Foreign Policy Decisions and How: An Empirical Inquiry”, *International Studies Quarterly*, Vol. 33, No. 4, Dec. 1989, p. 366.

的作出。

曾经担任美国负责政治事务的副国务卿托马斯·R. 皮克林，与赫尔曼的看法如出一辙，除了名称不同之外，基本内容则完全相同。当皮克林被问及“谁对美国外交政策制定最有影响”时，他的回答是，“他们是总统和国务卿、总统国家安全顾问、国防部长、参谋长联席会议主席，当然还有为其他成员提供国际事件最新信息的中央情报局局长。这些官员组成国家安全委员会的核心，是国家最高外交决策机构”。①

显而易见，美国国家安全委员会就是美国最高外交决策机构，也就是说，美国情报服务外交决策的对象和主体，就是以总统为首的国家安全委员会。

第一节 总统的主导

虽然国家安全委员会是形式上的美国外交最高决策机构，但自从国家安全委员会建立以来，总统就一直通过多种方式决定着国家安全委员会的组织形式和决策效力。因此，如果把美国情报所服务的外交决策比作一座金字塔，那么国家安全委员会就是金字塔的塔顶，而总统就是这座金字塔的塔尖。

一、总统主导的原因

美国总统经过二百多年的行政实践以及与其他“两权”的分立制衡，终于发展到了今天能够主导美国情报与外交决策等诸多领域的地步。其中自然有一个量变到质变的漫长过程，也有一些发人深省的缘由。

总统取得主导地位的第一个原因是：美国宪法的模糊授权。作

① “The Making of U. S. Foreign Policy”, *U. S. Foreign Policy Agenda* Vol. 5, No. 1, March 2000, p. 5.

为根本大法的宪法原本应当提纲挈领、总揽全局，但对美国总统相关权力的规定或限定却略显模糊。第一条对国会的授权具体而明确，第二条对总统的授权就颇为“委婉”，诸如“执行权”或者“确保法律切实执行”等字眼，给美国总统留下了诱人的想象空间，成为他们不断开垦的处女地，甚至衍生出无数宪法中只字未提的权力。比如，“杨斯顿钢管公司诉索耶尔”一案中所谓的紧急情况“便宜行事权”，① 以及“美国诉尼克松”一案中所谓的下属建议保密权等。② 当然，所谓的“模糊”只是相对而言，是在明确限定之下的“模糊”，目的是使总统的权力与国会不同，能够具备适度的“弹性”，以对多种事态、事件等做出及时有效的反应。然而，这些后来衍生出来的权力，为美国总统按照自身政治需求，随意利用情报服务外交决策打开了方便之门。

总统取得主导地位的第二个原因是：行政行为的先例效应。形象地说就是“前事不忘，后事之师”的仿效效应。典型的案例就是，林肯总统以国家紧急和处于战争状态为由终止了人身保护令。后来的小布什总统显然并未忘记这一“先例”，在其倡导的先发制人反恐战争中信手拈来。③ 这也充分证明了在涉及投其所好的外交决策时，总统们容易寻求并效仿前辈们的“先例”，作为可兹利用的政策工具。这样的先例一旦树立，不论是否有人仿效，都会激发未来总统蠢蠢欲动的心理，甚至下意识地打开滥用权力之门。里根时期的“伊朗门事件”、尼克松时期的“水门事件”以及小布什时期的“伊拉克 WMD 之殇”就是典型的注脚。

总统取得主导地位的第三个原因是：行政职能的司法解释。在

---

① Youngstown Sheet & Tube Co. v. Sawyer，343 U. S. 579，585（1952），Argued May 12 – 13，1952，Decided June 2，1952，http：//supreme. justia. com/cases/federal/us/343/579/case. html.

② United States v. Nixon，418 U. S. 683，713（1974），*Findlaw*，Argued July 8，1974，Decided July 24，1974，http：//caselaw. lp. findlaw. com/scripts/getcase. pl? court = us&vol = 418&invol = 683.

③ Robert Longley，“Bush and Lincoln both Suspended Habeas Corpus”，About. com，US Government Info，http：//usgovinfo. about. com/od/rightsandfreedoms/a/habeuscorpus. htm.

涉及诸如“战争权”等与总统权力范围相关的问题上，司法部（DOJ）及其法律咨询办公室（OLC）负责向总统提供相关解释，也是总统决策可以依靠的最终法律解释。而这就意味着总统领导的行政部门是自身权力范围的终审法官。这种“既是运动员，又是裁判员”的方式，其结果自然是倾向于有利于总统的解释，从而无形中巩固了总统在内政外交中的主导地位。

总统取得主导地位的第四个原因是：行政部门的疯狂扩张。如今，美国行政部门的庞大早已超出了当初美国奠基人的想象，而这部庞大机器的操控者正是美国总统。同时，信息社会的到来和迅猛发展，使得海量信息的收集和处理变得更加复杂，迫使美国情报界不断扩张以适应新的需求，而间接掌控错综复杂情报界的还是美国总统。尽管国会可以通过立法对总统及其行政分支的权力加以限制，却无法完全遏制这种机构扩张带来的总统权力上升。

总统取得主导地位的第五个原因是：控制信息的总统特权。如果说当今信息社会中信息就是力量的话，那么这种力量的绝大部分就掌握在总统领导的行政部门手中。只有庞大的行政部门才可能拥有收集、审查和分拣海量信息的超级能力和专业技能。国会不可能拥有如同美国情报界那般的信息收集和处理能力，也不可能具备军事部门判断是否出现国家安全威胁的专业技能。而且，伴随信息收集、分析、提炼和分发手段的日益复杂化，这样的信息不对称趋势还存在进一步恶化的可能。

总统取得主导地位的第六个原因是：执政为“媒”的总统风格。作为三军总司令和国际关系中的唯一象征，总统自然成为美国的最佳形象代言人。这是美国政治中其他分支无法比拟的巨大优势，使得总统成为掌控媒体进而影响公众舆论的权势人物。小布什就曾及时利用“有力”的情报，发布引导性讲话，为铺垫阿富汗战争和伊拉克战争之路营造“正义”的舆论氛围。

总统取得主导地位的第七个原因是：政府需要的快速反应。进入 21 世纪以来，高科技的迅猛发展使得战争和危机可能在瞬间爆发，而且直指美国本土。这就要求具体负责美国国家安全事务的总统，必须具备快速反应的意志和能力。一旦危机出现，总统就很容易因势利导，影响有利于其决策选项的政治过程。而且，危机结束并不意味着总统的影响就此消失，那种危急时刻团结在总统身边的号召力，可能会持续相当长的时间，古巴导弹危机、越南战争和伊拉克战争就是很好的案例。

总统取得主导地位的第八个原因是：日益分化的两党政治。高度分化的两党政治使得对党忠诚可以超越制度安排。作为党的领袖，总统可以期待国会中党员的更大忠诚，从而影响国会对其政策的支持。这一点在总统和国会都被控制在一党手中的时候更为明显。

当然，可能还有更多的理由支持总统主导地位的观点，比如具体的法律规定、美国的传统文化因素等。然而，以上列举的八项原因已经足以说明，总统在美国政治制度中取得包括外交在内的主导地位并非偶然，而且，随着社会、经济、文化的发展，这样的地位在可以预见的将来还有不断扩大的趋势。因此，美国情报与外交决策的关系研究，必须建立在总统主导的国家安全委员会平台和模式之上。

二、总统主导的方式

总统的主导地位既然已经形成，关键就是总统采取何种方式维持并扩大这样的地位了。就美国情报服务外交决策而言，总统巩固其主导地位的方式主要有以下几种：

第一，通过提名和任命相关重要政府官员，掌控美国情报服务外交决策的人事权。尽管国会拥有最终批准权，总统却可以充分利用宪法和法律赋予它的此项权力，将决定美国情报服务外交决策的主要机构牢牢控制在自己手中。比如，对国务卿和国防部长等主要外交决策者的提名和任命，就能基本控制外交决策朝着有利于总统的方向前进。而对中央情报主任（现为国家情报总监）、中央情报局局长等的提名和任命，就能基本保证总统对整个美国情报界的支配地位。再加上与总统在选举中并肩作战的副总统，上述人员就构成了美国外交决策最高机构的国家安全委员会。此外，最高法院在1936年的“梅尔斯诉美国”一案中，还取消了总统对非文官免职权力的限制，[①] 使得总统的人事任免权得以进一步扩大。

第二，通过颁布行政命令和总统指令等方式，搭建美国情报与外交决策相关机构的组织体制。这一点在上文有关总统行政命令和其他指令的论述中已经有所涉及。总统就是通过这样的方式，改组自己不太满意的国家安全委员会。本书第二章中，就专门探讨了对美国情报服务外交决策影响深远的第12333号总统行政命令。值得注意的是，或许是总统指令通常保密，不会如行政命令一般公诸于众而遭受不必要的口诛笔伐，总统颁布相关指令就成为常见的方式，甚至成为总统比较偏爱的方式。

第三，通过总统办事机构，直接插手美国情报服务外交决策。[②] 这些办事机构并未获得法律的授权，但却每天都在参与美国外交决策的核心过程。总统不时需要从它们那里获取外交决策的相关情报，汇总各个行政部门的意见和建议，并且在作出决策之后交由它们下发各个相关执行部门。

第四，通过行使否决权，拒绝不利于美国情报服务外交决策的法案通过。虽然总统否决过的提案还有可能起死回生，但是过程却相当困难和繁琐。因此，总统的这项权力具有无比巨大的威慑力。

第五，通过行使最高统帅的职权，牢牢控制战争决策的执行。宪法明确规定美国总统是武装部队总司令，负责有关军事行动的指挥和实施。虽然国会享有所谓“宣战权”，但国际形势变化节奏的加快和实现美国外交决策目标的需求，使得总统越来越拥有发动战争的实际能力。

---

① Myers v. United States, 272 U. S. 52 (1926), Reargued April 13, 14, 1925, Decided Oct. 25, 1926, http://caselaw. lp. findlaw. com/cgi-bin/getcase. pl? court = us&vol = 272&invol = 52.

② 参见周琪主编：《美国外交决策过程》，北京：中国社会科学出版社，2011年版，第59页。

第六，通过中央情报局的“隐蔽行动”，秘密执行不宜公开的外交决策。“隐蔽行动”秘而不宣且“与美国无关”的好处，让无数美国总统都对其亲睐有加。不论“隐蔽行动”如何广受诟病，它依然是美国总统执行其外交决策的一种有力工具。

最后，通过发表国情咨文等公开讲话的方式，引导公众舆论朝着有利于总统外交决策的方向前进，间接向国会施加批准其外交决策的压力。

可见，美国总统巩固并扩大其在情报服务外交决策中地位的方式很多，通过各种层次的不同方式，美国总统逐步成为最能主导美国情报与外交决策关系的核心人物。

三、总统主导的影响

美国总统在美国情报服务外交决策领域取得主导地位的过程，同时也是一个影响美国情报服务外交决策的过程。

首先，就美国外交决策而言，总统的主导所带来的影响主要有以下几个方面：

一是改变了美国国会负责战争决策的传统模式。本来，美国宪法十分明确地将战争权（宣战权）赋予了国会。在美国建国之后相当长的时间里，除去较小规模的暂时性冲突之外，国会都牢牢控制着美国对外战争的决策权，总统也并未对此表示异议和不满。然而，随着总统权力的增加和国际形势变化的加快，这项原本由国会拥有、总统也表示尊重的权力悄然发生了变化。朝鲜战争突然爆发时担任美国总统的杜鲁门，就立刻召开国家安全委员会会议，迅速作出进行朝鲜战争的决策，并马上派出美国的海军和空军投入战斗。① 虽然事后杜鲁门向国会通报了相关情况，多数国会议员也并未表示异议，但少数议员还是对杜鲁门未能提前告知国会感到不满并提出质疑。

① Louis Fisher, “The Korean War: On What Legal Basis Did Truman Act?”, *The American Journal of International Law*, Vol. 89: 2, 1995, p. 32.

杜鲁门对此的解释是，他的行动是建立在联合国安理会相关决议和总统拥有使用军队全权的宪法基础之上的，因此不必获得国会的授权。杜鲁门开创的朝鲜战争决策模式，意义重大而且影响深远。它为后来老布什对伊拉克动武以及克林顿对波斯尼亚空袭，开了不好的先例，[①] 成为美国总统依靠联合国决议和自己对宪法授权的牵强解释，绕过国会进行战争决策的诱人选项。

二是使国家安全委员会无法形成较为稳定的长效机制。撇开宪法赋予的其他权力不谈，按照1947年《国家安全法》的规定，总统是新成立的国家安全委员会主席。[②] 而且，委员会的法定成员国务卿、国防部长等，均须经过总统提名并经参议院批准任命，而包括地位显赫的国家安全顾问在内的国家安全委员会其他工作班子成员，则无需参议院批准而由总统直接指派。这也决定了原本就位高权重的总统，对国家安全委员会这个美国最高外交决策机构拥有绝对的话语权。美国政治的历史演变，也不时验证着这样的观点。[③] 国家安全委员会组建之初，杜鲁门并不十分看重其外交决策功能，还对其可能分流自己的权力深感担忧，国家安全委员会也就成了类似摆设的影子机构；艾森豪威尔则愿意充分发挥国家安全委员会应有的外交决策职能，并就此进行了大刀阔斧的改革，使得国家安全委员会走上了正规化建设的轨道；肯尼迪则偏爱一种更为"私人"的外交决策方式，几乎让国家安全顾问邦迪取代了整个国家安全委员会；约翰逊的"星期二午餐会"，则将国家安全委员会冷落和边缘化；尼克松则支持基辛格倡导的"体制外"秘密外交，从而使国家安全委员会的正常决策功能几乎丧失殆尽；卡特则仿效约翰逊设立"星期五早餐会"和"每周午餐会"，将国家安全委员会"非正式化"；里

---

① Louis Fisher, "The Korean War: On What Legal Basis Did Truman Act?", *The American Journal of International Law*, Vol. 89: 2, 1995, p. 21.

② 50 U. S. C. § 402.

③ 参见周琪主编：《美国外交决策过程》，北京：中国社会科学出版社，2011年版，第70—96页。

根更是频繁更换国家安全顾问，从而影响了国家安全委员会的协调工作；老布什则凭借其丰富的政治经验，建立了堪称典范的国家安全委员会班子；克林顿精心挑选的国家安全委员会班子也不负众望，成为战后最和谐的决策团队；小布什则致力打造等级严格的管理模式，同时重视良好的个人关系；奥巴马则强调对国家安全委员会与国土安全委员会的战略整合。总之，美国总统都充分利用自己的权力，按照自己对国家安全的理解以及自身的个性意志，对各自的国家安全委员会进行规划，使得法律授权颇重的美国最高外交决策机构，成为总统得心应手的外交决策工具，同时也在相当程度上影响了其建设长效机制的步伐。

其次，就美国情报而言，总统的主导所带来的影响，主要表现在对情报的不断再认识和对情报界的不断整改之中。

20 世纪之前，包括美国总统在内的美国人都相信，美国并不存在强有力的竞争对手，因此，美国情报机构的发展十分缓慢。第一次世界大战打响之后，美国总统威尔逊也不认为大战会对美国构成危险，不仅没有按照常规加强情报工作，反而于 1916 年撤消了陆军情报部。[①] 杜鲁门总统在经历了珍珠港的切身之痛后，对情报的正规化建设有了崭新的认识，直接发起了对美国情报界影响深远的大规模建设，通过签署《国家安全法》成立中央情报局，奠定了美国现代情报体系的坚实基础。艾森豪威尔总统对空中情报侦察兴致盎然且见解独到，促成了在古巴导弹危机中发挥重要作用的 U－2 高空侦察机的诞生。“猪湾事件”的惨败让原本对美国情报寄予厚望的肯尼迪总统深感所托非人，而古巴导弹危机中美国情报的出色表现又让他重拾信心，给予其很高的评价。约翰逊总统将情报视为推行外交决策的政治工具加以利用，一定程度上影响了美国情报的健康发展。卡特总统认为美国情报已经偏离了法制轨道，成为无法无天的“离群野象”，因而决定对情报展开大规模调查和限制。里根总统的看法

① *The Evolution of American Military Intelligence*, Prepared for Use by the US Army Intelligence Center and School, FT. Huachuca AZ. 85613, May 1973, p. 16.

则截然不同，认为美国情报应当成为遏制苏联共产主义并进而拯救世界的有力武器，因此，不仅废除束缚中央情报局手脚的第12036号行政命令，[①] 颁布对美国情报发展意义重大的第12333号行政命令，而且任命威廉·凯西为中央情报局局长，从而恢复了中断数十年的中央情报局隐蔽行动，也为“伊朗门事件”的发生埋下了伏笔。老布什总统本身就在情报界从业多年，自然对美国情报知根知底。克林顿总统上任后一直重视情报改革，于1994年10月通过《1995财年情报授权法》，[②] 成立“美国情报界角色和能力委员会”，就“后冷战世界美国情报活动效率和适当性”等问题，展开深入的调查、研究和评估并提出报告和整改建议。“9·11”事件的突然发生，让小布什总统在重新审视美国面临的安全环境之后，发起了美国情报界的大规模改组，如策划成立了国土安全部、设置统管美国情报界的国家情报总监等。

可见，美国总统通过对情报的不断重新认识，及时调整甚至改革情报体制，以满足服务美国外交决策乃至整个国家安全的情报需求。

第二节　国家安全委员会平台

无论是赫尔曼笔下的单一主体“终极决策单元”，还是皮克林口中的外交决策“核心”，都从字面上肯定了美国国家安全委员会的重要地位和作用。将国家安全委员会比作美国外交决策金字塔塔顶的说法并不为过。当然，国家安全委员会今天能够在协调美国情报服务外交决策方面取得重要地位，也经历了一个相对漫长的发展过程。因此，在详细探讨其巨大影响和作用之前，有必要简要追溯其缘起

① 参见郭烽：《影响美国情报体制改革的几个因素》，《情报杂志》2005年第2期，第112—113页。

② 参见 http://en.wikisource.org/wiki/Intelligence_Authorization_Act_for_Fiscal_Year_1995。

的历史。

一、国家安全委员会的缘起

美国联邦政府自成立至二战以来的外交，可以在一定程度上简单分为两个时期，即和平时期与大战时期。[①] 和平时期主要由国务院负责外交，大战时期则主要由海军部和战争部主导，一旦战争结束又回归国务院。这种临时性决策机制已经不能适应当时科技迅猛发展和广大亚、非、拉国家政权纷纷建立的国际形势。随着美国对外政策领域的迅速延伸，以及为了更好地应对来自国外的威胁，美国急需建立一个永久性的高级协调机构，用于及时协调联邦政府中的军事和民事部门。珍珠港事件的发生，尤其是其中情报失误的惨痛教训，更加强化了这样的需求。美国在痛定思痛之后，经过认真的酝酿，终于痛下决心着手建立一种崭新的协调和决策机制。通过这一崭新机制的建立，美国希望解决珍珠港事件中对外情报收集、协调和整合方面所暴露出的种种问题，进而实现军事部门与民事部门之间在外交与国防政策制定方面的无缝连接。

二战期间，美国政府开始了各种政策协调机制的实践，最为重要的改革可能是美国参谋长联席会议的创建。当时的动机比较简单，就是为了推进战时与英国对等部门的合作。美国陆军参谋长马歇尔将军后来却发现，美国的参谋长联席会议与英国的对等机构相比存在严重缺陷，原因是英国的军官们能够“通过组织严密的秘书处与政府其他部门密切相连”，而“我们这边却没有这个东西，我们也因而倍受折磨……”。[②]

二战之后，罗斯福政府建立了“国家、战争、海军协调委员

---

① 参见杨生茂主编：《美国外交政策史 1775—1989》，北京：人民出版社，1991 年版。

② Ray S. Cline, “Organizing the High Command for World War II”, *U. S. Army in World War II*, http: //www. ibiblio. org/hyperwar/USA/USA-WD-Ops/USA-WD-Ops-6. html.

会”,[①] 用于推进国务院和军事部门之间的合作。随着战后苏联威胁的日益增加，美国政府建立一个应对复杂威胁挑战的永久性高级协调机构的呼声也越发强烈。正是在应对复杂威胁挑战和统筹协调决策的需求之下，杜鲁门总统于 1947 年 6 月 26 日签署对美国情报服务外交决策至关重要的《国家安全法》，意图一揽子解决对苏遏制以及确保未来美国国家安全的所有问题。“野心勃勃”的《国家安全法》创建了诸多新的机构，其中就包括在新型国家安全体系中被看作“基石”的国家安全委员会。[②]

二、国家安全委员会的职能

1947 年《国家安全法》明确规定,[③] 为了协调美国国家安全的相关事宜，特别设立名为“国家安全委员会”的机构，用于就国家安全相关的国内、国外和军事政策整合，向总统提供意见和建议，以便军事部门和其他政府部门就国家安全相关事宜进行更加有效的合作。委员会应当在总统的指导之下，并且承担以下职责：（1）以美国国家安全利益为出发点，评估与美国实际和潜在军事力量相关的目标、义务和风险，以便向总统提供相关意见和建议；（2）思考联邦政府行政部门和机构就国家安全普遍关注事宜的相关政策，并向总统提供相关意见和建议。

可见，国家安全委员会最初的定位是负责管理和协调外交、国防等与美国国家安全息息相关的政策，提供一个酝酿和形成国家安全政策的崭新平台，确保总统及时获得合适的决策信息以及保证决策的切实执行，主要发挥综合评估、资源整合、审查监督、优先排

---

① “State-War-Navy Coordinating Committee”, http://en.wikipedia.org/wiki/State-War-Navy_Coordinating_Committee.

② “Unification of the War and Navy Departments and Postwar Organization for National Security”, *Report to Hon. James Forrestal*, Committee on Naval Affairs, 1945. 转引自 Cody M. Brown, “The National Security Council: A Legal History of the President's Most Powerful Advisers”, *Project on National Security Reform*, 2008, Forward ii.

③ 50 U. S. C. §402.

序和危机协调等重要功能。值得注意的是，《国家安全法》并未赋予国家安全委员会执行政策的职能，也就是说，委员会本身并非一个执行机构，而是一个主要负责向总统提供国家安全决策相关意见和建议的顾问机构。

正是因为有了《国家安全法》的相关规定，国家安全委员会才成为与国家安全事务相关的不同行政机构之中，唯一获得法律授权的重要机构，也就是说，包括各部部长在内的总统内阁，也无法在这一点上与国家安全委员会比肩。《国家安全法》还奠定了国家安全委员会发展壮大的坚实法律基础，使其逐渐成为总统得心应手的工具、国家安全体系的中心和国家安全决策不可或缺的重要组成部分。

为了从法律上保障国家安全委员会履职尽责的能力，《国家安全法》还规定委员会成员为总统、副总统、国务卿、国防部长等。除法定成员之外，国家安全委员会还可雇用一个由执行秘书（即后来的国家安全顾问和国家安全事务助理）管理的小型工作班子，负责协调其他部门递交总统的外交政策相关材料。

值得注意的是，国家安全委员会的成员组成也经历了一个不断变化的过程。最早的 1947 年《国家安全法》中，总统、国务卿和国防部长、海陆空三军部长以及国家安全资源委员会主席是国家安全委员会的法定成员，总统在必要时还可指定额外成员。1949 年大规模重组之后，其成员组成变动巨大。[①] 一是海、陆、空三军部长的退出，这就巩固了国防部长在国家安全委员会中的地位；二是增补副总统为成员，这就提升了其参与外交决策的能力；三是指定参谋长联席会议主席和中央情报主任为法定顾问，这就使前者理论上拥有了不附和国防部长的一些自由；四是执行秘书及其工作班子正式成为总统办公室成员，这就强化了总统对国家安全进程的控制，也为日后国家安全顾问影响力的日趋增加奠定了基础。虽然此后还有过一些不大的调整和变化，但总体格局已经基本定型。

---

① John P. Burke, "The National Security Advisor and Staff: Transition Challenges", *The White House Transition Project Reports*, 2008.

此外，国家安全委员会在协调美国情报与外交决策关系方面有两个重要的制度保障：一是作为美国情报界首脑的中央情报主任（国家情报总监），是法定的委员会情报事务顾问；二是为了便于协调相关情报事务，委员会专门下设了对外情报委员会。前者表明，美国情报是外交决策的直接参与者甚至执行者。后者的成员包括国家情报总监、国务卿、国防部长、总统国家安全事务助理（主席）以及其他总统指定人员，仅从成员的身份来看，除了总统之外就是一个国家安全委员会的翻版。这也充分说明，情报委员会商讨的事务容易成为国家安全委员会重视和讨论的话题。总之，建立在《国家安全法》基础之上的国家安全委员会，为美国情报服务外交决策提供了更为值得信赖和更能发挥作用的高端平台，也为美国情报及时接收外交决策的反馈信息提供了更加方便可行的途径。

三、国家安全顾问的崛起和影响

对尼克松政府的国务卿罗杰斯，人们可能知之不多；但尼克松的国家安全顾问基辛格博士，却是家喻户晓的人物。可见，国家安全顾问完全可以在美国外交决策的舞台上扮演极为重要的角色。如果说总统是美国外交决策的制片人，那么国家安全顾问就是导演。当然，实际角色的扮演还要看不同总统的个性、意志等人的因素。

杜鲁门决定创建国家安全委员会时，只有方便开展具体工作的执行秘书及其工作班子，并未考虑设立国家安全顾问这一职位。到了艾森豪威尔时期，他批准执行了“卡特勒计划”，[1] 意在通过改革强化国家安全委员会的决策功能。计划的实施最终实现了两大目标：一是将国家安全委员会从一个松散的机构变成正式的体系；二是设立了非法定的国家安全顾问（当时称为“总统国家安全事务特别助

---

① Robert R. Bowie, “President Eisenhower Establishes His National Security Process”, http://www.thepresidency.org/storage/documents/President_Eisenhower_Establishes_National_Security_Process.pdf.

理”）。提出“卡特勒计划”的卡特勒本人，则被艾森豪威尔任命为第一任国家安全顾问。卡特勒及其后任安德森和葛瑞，都能认清自己作为顾问的角色定位，充分尊重各部部长的意见和建议，主要发挥协调各方的积极作用，竭力成为总统和内阁之间的纽带而非障碍。

随后接任的麦克乔治·邦迪，是个日后颇有争议的人物。他和肯尼迪都认为艾森豪威尔的国家安全委员会过于官僚和繁琐，于是决定废除艾森豪威尔建立的“计划委员会”（PPB）和“行动协调委员会”（OCB）等正式组织，用临时性的“专门小组”取而代之。[①]“猪湾事件”之后，邦迪意识到国家安全委员会的决策过程存在严重问题。他向肯尼迪总统提出了三条改进意见，即：总统严格遵守既定日程；总统与他更为规律的定期会面；更好的参谋工作。为了落实这三条建议，邦迪开始填补国家安全委员会改革之后留下的真空，逐渐使自己和工作班子成为真正的决策参与者。然而，邦迪和肯尼迪推行的改革也并非完美。他取代中央情报局局长定期向总统汇报情报事务的做法，就严重超越了国家安全顾问应有的职责范围。更为严重的是，他和他的工作班子还开始介入白宫“战情室”（Situation Room）的行动之中，[②] 直接违背了国家安全委员会顾问机构的本质，严重影响了美国情报和外交决策之间的合理关系。到了约翰逊时期，邦迪的行为更是变本加厉。他直接来到南越执行寻找证据的任务，为鼓动越南战争升级当先锋、打前站。他还成为比国务卿腊斯克更为公众化的发言人。邦迪过于积极的表现以及两任总统的纵容，使得他彻底改变了艾森豪威尔时期国家安全顾问的良好形象，也为后来者树立了不好的榜样。不可否认的是，邦迪的出现也标志着国家安全顾问角色的重新定位，为日后这一角色发挥更大影响打下了一定的基础。

---

① 参见周琪主编：《美国外交决策过程》，北京：中国社会科学出版社，2011 年版，第 78 页。

② Drew Cramer, Grant Mullins, “Lessons Learned from Prior Attempts at National Security Reform”, *The Project on National Security Reform*, Overarching Issues Working Group, p. 31.

基辛格接任之后，在尼克松总统的大力支持下，更是将国家安全顾问的影响发挥到了极致。他和尼克松所追求的国家安全委员会，不再是各部门意见协调的平台，而是独立于各部门之外、能够自行其是的决策机构。喜欢让世界和国务卿“惊喜”的基辛格为了达到上述目的，对国家安全委员会实施了三项大的改革：[①] 一是成立由他本人任主席的大量下属专业小组，争夺国务院应有的权力；二是用颁布备忘录的方式保证各项措施的协调落实，以便维持总统外交政策的连贯性；三是明确国家安全委员会的工作程序，规定其会议议程为：首先他本人讲述核心问题，然后中央情报局局长进行情报介绍，最后尼克松总统总结发言。

基辛格在国家安全顾问职位上所达到的高度可谓空前绝后，或许只有卡特时期的布热津斯基可以勉强媲美。后者将众多下属组织精简为两个委员会，其中的特别协调委员会由他亲自担任主席，负责情报等重要事务。他们之后的继任者则大多中规中矩地履行自己的职责，再也无法对美国情报服务外交决策产生较大的影响。

可见，不同的总统对国家安全委员会的重视程度不同，赋予国家安全顾问及其工作班子影响诸如国务院和国防部等行政部门的自主权也就不同。艾森豪威尔善于充分利用国家安全委员会进行重要外交决策；肯尼迪和约翰逊偏爱一种更为非正式的方式，通过自己信任的下属商讨并作出外交决策；到了尼克松时期，由基辛格领导的原本只负责协调的工作班子，变成了一个积极介入与外国领导人谈判以及执行总统外交决策的重要机构，国家安全委员会反而成为不常议事、仅仅负责通过尼克松和基辛格既定决策的摆设。

国家安全顾问自设立以来，由于职位的特殊以及与总统的亲密关系，使其能够在协调美国情报服务外交决策方面发挥积极或消极的作用。因此，在研究美国情报与外交决策关系时，应当高度重视这一角色通过国家安全委员会所施加的影响。

---

① 参见周琪主编：《美国外交决策过程》，北京：中国社会科学出版社，2011年版，第84—85页。

总之，美国国家安全委员会是依法创建的一个跨部门机构，创建之初的主要目的是解决行政部门各自为战、条块分割的问题，整合与国家安全息息相关的各种政策，协调各行政部门更加有效地就国家安全事务展开合作。与国家安全密切相关的外交决策，当然是其向总统提供咨询的一个重要方面。总统虽然是当之无愧的最高决策者，但是随着国际国内形势的变化，国家安全委员会班子逐步成为影响国家安全政策制定、甚至执行的一个重要因素。[①] 同时，作为国家安全委员会班子负责人的国家安全顾问，在政策制定中也扮演着越来越重要、甚至高度公众化的角色。除《国家安全法》规定的法定成员之外，委员会的组成因历届美国政府的不同而显著相异，从高度正规的严谨结构到相对松散的专家团队，各种形式可谓五花八门。国家安全委员会班子本应按照特定目标和总统工作习惯进行组建，国家安全委员会的发展史却讲述了另一个版本的故事，即不同类型的决策架构有着不尽相同的优劣。冷战之后的世界对包括外交决策在内的政策制定带来了新的挑战，国家安全委员会也与时俱进地调整和增配成员，以应对经济、环境和人口等事关国家安全问题日益增多的形势。克林顿政府就创建了国家经济委员会，[②] 便于加强与国家安全委员会之间有关国际经济事务的合作；小布什政府在“9·11”之后就组建了国土安全委员会；奥巴马政府则将国土安全委员会与国家安全委员会合并为统一的国家安全事务班子。[③]

---

① 如伊朗门事件中国家安全委员会工作班子成员诺思中校就是主要执行者。

② Drew Cramer, Grant Mullins, “Lessons Learned from Prior Attempts at National Security Reform”, *The Project on National Security Reform*, Overarching Issues Working Group, p. 93.

③ 同时保留国家安全顾问和国土安全顾问，虽然后者可以直接面见总统，但是必须按程序向国家安全顾问汇报。

第三节 “情报—决策”流程

在充分阐述了国家安全委员会历史、职责、性质以及扮演特别角色的国家安全顾问之后，为了进一步说明美国情报与外交决策如何在国家安全委员会的平台上交织互动，有必要以一项外交决策产生为例，探讨其形成的具体过程。[①]

第一阶段，表达决策诉求并形成初步意见。通常由主要外交决策者根据自身的需求提出意向性研究计划，国家安全顾问或者国家安全委员会成员根据计划拟定研究目标，并以备忘录的形式移交相关行政部门。收到备忘录的有关部门启动情报流程，将研究的初步结果上报国家安全委员会工作班子，后者将其形成跨部门文件。负责相关事务的跨部门小组对不同方案逐一审查，进行情报评估和首次分析，国家安全委员会工作班子的相关成员同时进行监督并准备首份报告。报告经国家安全委员会工作班子重新评价后，形成初步意见并上报上级小组。

第二阶段，决定草案起草并上报最终草案，即具体起草最终意见并上报国家安全委员会研究讨论。首先，根据情况成立一个高级跨部门小组，成员通常为各部副部长，组长为部长或国家安全顾问。其次，该小组对下级小组提交的报告进行评估。如果报告不尽如人意，则退回并责令重写；如果报告符合要求，则起草最终意见并上报所有备选方案。

第三阶段，明确选择意向并提交总统决策。国家安全顾问亲自起草备忘录，阐述备选方案的优劣并说明倾向性意见。国家安全委员会法定成员和重要成员均须发表意见和建议，汇总后向总统提交正式意见。总统在国家安全委员会会议期间或会后作出最终

---

① 参见夏尔－菲利普·大卫：《白宫的秘密：从杜鲁门到克林顿的美国外交决策》，李旦等译，北京：中国人民大学出版社，1998 年版，第 76—77 页。

决策。

第四阶段，颁布总统指令并监督决策执行。国家安全顾问以总统指令的方式颁布执行命令，由跨部门监督委员会在国家安全顾问、助理国务卿或副国务卿领导下负责协调完成。该委员会还应将各个环节执行情况，向国家安全委员会相关部门汇报。至此，一项外交决策的基本流程才宣告结束。

可见，情报在收到决策诉求之后的第一阶段就开始介入外交决策过程。而且，在外交决策的各个阶段其实都需要情报的支撑。比如，为了对各阶段草案结果负责，各相关草案起草者和责任人都应通过更新情报不断核实相关情况。此外，外交决策的执行更是离不开情报的保障，作为一种情报方式的“隐蔽行动”本身，就是执行外交决策的选项之一。因此，美国外交决策在以总统主导的国家安全委员会模式下，又完全可以被视为一个相对完整的系统，直接作为服务于外交决策的美国情报流程中最为关键的“基石”。换句话说，美国情报研究中的传统情报流程图，可以完善为更能反映美国情报服务外交决策的“情报—决策”流程图。

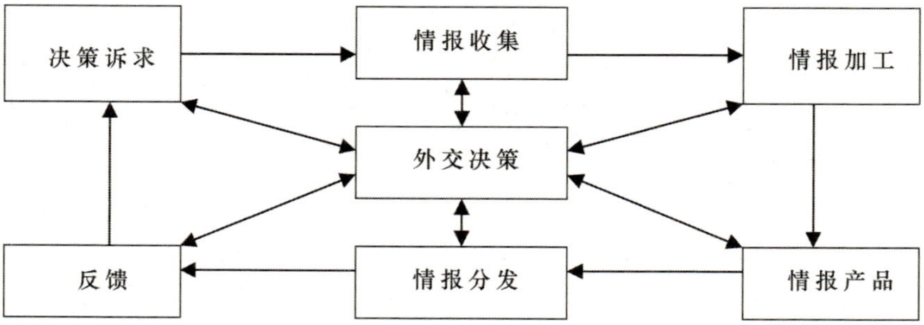

图1　“情报—决策”流程图

需要补充的是，并非是说美国情报研究中的传统情报流程已经过时，而是说随着美国外交决策涵盖范围的不断扩大，以及外交决策艰巨性与复杂性的日益增加，从美国情报服务外交决策的角度出发，综合考虑总统主导的国家安全委员会模式特点，传统的情报流程已经无法完全满足美国外交决策者的情报诉求。正如前国务院官员詹妮弗·希姆斯博士所说，“高质量的情报过程寻求一种决策者的投入和指导，以及公平的收集和分析之间的平衡”。[①] 因此，将信息反馈和外交决策纳入其中，并且强调各个环节之间互动反馈的“情报—决策”流程，更能体现美国情报与外交决策之间合理的互动。

上述“情报—决策”流程图表明，美国情报作为一种完全不同功能的流程，其服务的对象是美国外交决策，反映的是美国外交决策者的诉求。这种诉求正是外交决策对整个情报活动进行指导与计划的要害所在。该流程图的特点和优点是，外交决策者成为了整个情报流程各个环节的主动参与者和指导者。他们通过自身的决策（情报）诉求启动整个“情报—决策”流程，通过持续不断的反馈调整整个流程，通过作出最终的决策终止上一流程并开启新的流程。正如罗伯特·肯尼迪曾经评论的那样，“‘情报艺术’并非始于情报分析，而是始于决定信息收集方向的判断，它贯穿整个情报过程，并最终结束于关键人物对如何使用信息的判断。”[②] 简而言之，情报流程始于（决策）判断且终于（决策）判断。在传统情报流程中加入外交决策和信息反馈，恰好体现了情报生产者与外交决策者之间互动（反馈与对话）的基本要求。外交决策者需要向情报机构明确其决策（情报）诉求，让情报人员及时了解情报产品的准确性、实用性和适用性，并且随时向整个情报流程传递新的指令或进行新的调整，包括如何改善情报收集和分析以更加贴合外交决策的情报诉求。这样，就能守住美国情报与外交决策互动的底线，防止误导的发生以及时间与资源的浪费，尤其是杜绝情报政治化。正如曾经担任克林顿总统第二任国家安全顾问的塞缪尔·R. 伯格（“山迪”），

---

① Jennifer E. Sims, “Understanding Friends and Enemies. The Context for American Intelligence Reform,” in Jennifer E. Sims and Burton Gerber, eds., “Introduction,” *Transforming U. S. Intelligence*, Washington, DC: Georgetown University Press, 2005, pp. 14 – 31.

② Robert Kennedy, *Of Knowledge and Power: The Complexities of National Intelligence*, Westport, CT: Praeger Security International, 2008, pp. ix – xiii.

在谈及美国情报过程效率时所说，“老大在场时有事件发生……他回到局里（就）拼命敲打搜寻所有（相关）的一切”。[①]

从上述“情报—决策”流程图可以看出，如果没有成功的情报收集和情报分析，外交决策者就无法推测对手的意图是一切照旧还是发生了改变，而“成功的情报分析首先依靠有效的管理，不仅来自情报界（IC）内部，而且来自决策者本身”。[②]

① The involvement of decision-makers led to success in averting the Millennium attacks, while the lack of involvement in the summer of 2001 led to failure on 11 September 2001. See Sandy Berger, in Amy B. Zegart, *Spying Blind: The CIA, the FBI, and the Origins of* 9/11, Princeton, NJ: Princeton University Press, 2007, pp. 1 – 14.

② Robert Kennedy, *Of Knowledge and Power: The Complexities of National Intelligence*, Westport, CT: Praeger Security International, 2008, pp. 51 – 76.

第五章　案例研究

自美国现代情报体系建立以来，有关美国情报服务外交决策的经典案例可谓层出不穷、不胜枚举。在充分考虑美国外交决策基本类型及其不同情报需求的基础之上，重点突出案例选择的典型性和代表性，同时兼顾对我国安全需求的启发性和借鉴性，本章以时间为序遴选出二战之后四个相关经典案例作深入剖析。

按照美国外交决策主要类型的不同，服务于外交决策的美国情报可能采取不同的关系处理方式。全面深刻的凯南“八千字电报”情报评估与对苏遏制战略的形成和发展，就与战略决策相关，要求保证针对性、强调客观性、兼顾及时性的战略情报；及时准确的图像情报研判与古巴导弹危机的和平解决，就与危机决策相关，要求保证针对性、注重客观性、确保及时性的微观情报；臆想的大规模杀伤性武器与美国对伊拉克战争的发动，就与战争决策相关，要求保证针对性、强调及时性、确保客观性的全面情报；伊朗核问题国家情报评估与美国放弃对伊朗动武，就与常态决策相关，要求保证针对性、兼顾及时性、看重客观性的日常情报等等。所有案例分析都最终归结为一幅简单的“情报—决策”流程示意图。

第一节　“八千字电报”与“遏制”战略

如果将战后美国重大外交决策及其重大成果排序，那么对苏“遏制”的外交决策以及对苏冷战的最终胜利，毋庸置疑应当高居榜首。这场历时四十余年的“政治战”，虽然并非硝烟弥漫、血肉横飞，但却不乏跌宕起伏、惊心动魄。然而，引领四十余年冷战的遏制战略，其形成、定型和发展以及美国的最终胜利，都离不开一个重要历史人物——乔治·凯南及其“八千字电报”。作为外交官兼情报分析人员的凯南，把握恰当的时机、采取合适的方式，向美国外交决策者及时提供了有关苏联的针对性“知识”——“八千字电报”情报评估，为杜鲁门作出“遏制”战略决策提供了坚实的情报支撑，进而开启了近半个世纪的冷战之门。

一、国际政治背景下的决策诉求

虽然美国、英国和苏联是二战时期的同盟国，但当战争接近尾声之时，西方盟国与苏联之间的分歧和裂痕早已形成。随着苏联取得对德作战最终胜利的日益临近，斯大林竭力鼓励共产主义在东欧的传播。当苏联倡导的共产主义抵达希腊和土耳其之时，引起了美国与英国的注意和警惕。与东欧不同，希腊和土耳其并非苏联解放的国家，仍然被视为西方的势力范围。然而，经历二战重创的英国，已经无力充当抵御苏联扩张的前沿力量，只能向美国求援。与英国不同，同样经历二战的美国，由于太平洋和大西洋天然屏障的保护，并未直接遭受战火的蹂躏，反而充分利用战争带来的商机逐步成为战后世界的强国。其实，早在战争还在如火如荼的进行之时，物资租赁计划的制定和实施，[①] 就已经将美国与英国的努力绑在了一起，即致力于恢复世界秩序的共同目标。当然，美国的打算可能还包括使自身成为战后世界秩序的主导。这样，老牌帝国英国的衰落，就为新兴强国美国的登台做好了铺垫。而美国自然也为能够接过维护西方“自由世界”秩序的重担，感到自豪和骄傲。很快，美国就作为西方世界新的“领头羊”，自觉或不自觉地担负起“阻止以苏联为首共产主义势力在全球扩张”的重任。

华盛顿如何才能担负起如此重任呢？寻找这一问题的答案，自

① 参见德瑞克·李波厄特著：《五十年伤痕：美国的冷战历史观与世界》，郭学堂、潘忠岐、孙小林译，上海：上海三联书店，2008 年版，第 13 页。

然成为当时美国政府对外决策所必须思考的重中之重。在美国人眼中，古老庞大、冷酷无情、高深莫测的苏联（俄国），就是神秘的化身。战时曾经接受巨额经济援助的苏联，为何无法继续保持与西方的联盟呢？战争的硝烟已经散尽，苏联为何还要继续全面武装自己及其盟国呢？除去意识形态因素的考虑，还有其他原因促使苏联做出让西方难以理解和接受的行为吗？一系列有关苏联的国际政治行为，都需要一个合理可靠的解释和评估。而这样的解释和评估，最终历史性地落在了当时并不十分出名的乔治·凯南身上。

凯南的童年时光并不美好。[①] 1925 年本科毕业之后，他原本打算进法律学校继续深造，但因高昂的学费最终决定转攻外交，并成功考入华盛顿外交学校。或许正是当初不经意的选择，使得华盛顿少了一名大律师，而美国却多了一位战略家。经过刻苦的学习和低级外交官任职的历练之后，凯南开始关注苏联经济并逐渐培养起对苏联事务的兴趣。[②] 罗斯福当选总统之后，决定开启美苏外交关系的大门，凯南遂陪同美国大使威廉·C. 布里特来到莫斯科任职。随后，凯南与查尔斯·E. 鲍恩、罗伊·W. 亨德森一起，成为美国驻莫斯科大使馆俄罗斯研究专家和核心人物。他们认为，美苏之间几乎不存在合作的基础，甚至在反对潜在的共同敌人时也是如此。凯南还对苏联当时的“大清洗”进行了深刻的观察，他此后一生对苏联政权内环境的分析和看法都颇受其影响。1944 年，凯南被任命为

---

① 凯南 1904 年出生于威斯康辛州密尔沃基市，母亲在其出生后不久就因腹膜炎去世，凯南从小就与父亲和继母关系疏远，反而与姐姐比较亲密。1921 年凯南进入普林斯顿大学，但内向、害羞的他并不适应常春藤联盟的“精英”氛围，四年本科的学习和生活也是在艰难与孤独中度过。有关凯南的简介参见张小明：“我所认识的乔治·凯南”，新华网，2005 年 4 月 21 日；以及 Jack F. Matlock Jr.，“George F. Kennan”，*Proceedings of the American Philosophical Society*，Vol. 151，No. 2，June 2007。

② 经过 7 个月的学习，他先后在瑞士、德国担任低级外交官。1929 年，他在柏林大学东方研究院开始历史、政治、文化和俄语的学习研究，希望继承和发扬其祖辈有关俄罗斯研究的辉煌，并为其在将来的外交生涯中通晓德语、法语、波兰语、捷克语和挪威语打下基础。1931 年，他担任驻里加的拉脱维亚领馆三秘。值得一提的是，凯南还曾于 1942 年 9 月被派驻里斯本领事，不情愿地负责情报和基地行动的管理工作。

美国驻莫斯科临时代办，开始对美苏关系以及对苏政策进行全面、深入的思考和分析，为日后闻名美国外交史的“八千字电报”做好了铺垫。任临时代办期间，凯南感到其看法并未受到杜鲁门总统及其华盛顿决策圈应有的重视，他不断奉劝华盛顿的美国外交决策者放弃与苏联合作的计划，接受全面影响欧洲以削弱苏联势力的方针。他认为，应当建立一个联盟的西欧以抗衡苏联在该地区的影响和势力，进而与苏联在其东欧堡垒地区展开竞争。在凯南临时代办任期即将结束之际，美国财政部请求国务院就苏联的近期行为进行解释和说明。① 凯南用一份长达八千余字的秘密外交电报对此进行了回复，② 内容是有关如何处理对苏外交关系的新战略。

二、“八千字电报”和“X文章”情报评估

凯南在电报中指出，“克里姆林宫神经质世界观的根源，是俄罗斯传统而天生的不安全感”。③ 而在俄国革命（十月革命）之后，这种不安全感又融合了共产主义、东方神秘主义和阴谋论。当时的苏联国际政治行为，主要取决于斯大林政权的内部需要；而凯南认为，斯大林需要的正是一个能够合法化其独裁统治的充满敌意的世界。这样，斯大林就能利用马克思列宁主义，作为“（苏联）对外部世界天生恐惧的解释，对只能实施独裁统治的辩解，对无所不用其极残酷手段的开脱，对苏联人民必须作出任何牺牲的理由”和“苏联道德和理智尊严的遮羞布”。④ 凯南的解决之道是，强化西方机制，使其能够在苏联的挑战面前立于不败之地，同时耐心等候苏联政权的逐步瓦解。这也正是对苏遏制战略的最终目标与核心所在。按照

---

① 如苏联为何不愿支持国际货币基金组织和世界银行等。

② 趁时任驻苏大使哈里曼回国之机，凯南于1946年2月22日就财政部的请求作出了答复，形式是发给时任国务卿詹姆斯·拜恩斯的一份长达8000余字（一说实际字数5500字）的秘密外交电报。

③ “Telegram”, George Kennan to George Marshall [“Long Telegram”], February 22, 1946, Harry S. Truman Administration File, *Elsey Papers.*

④ ibid.

新的遏制战略，凯南建议美国从欧洲撤军，给予克里姆林宫足够的保证，即美国不会在东欧建立敌视苏联的政权，从而缓和苏联领导人对该地区的控制欲。凯南“长电”的主旨，就是发出了应该全面遏制苏联的警告。而杜鲁门在1947年3月的国会两院联席会议讲话中，就借用了上述警告作为“杜鲁门主义”的思想基石。[①] 凯南的电报引起了时任海军部长詹姆斯·弗雷斯塔尔的注意，后者是杜鲁门外交决策圈中对苏强硬派的主要代表。他很快帮助凯南回到华盛顿，担任国家战争学院外交系副主任。回到华盛顿之后，凯南还曾担任范登堡的苏联事务特别顾问，[②] 这就解释了为何诸多早期中央情报局情报分析产品都打上了凯南“八千字电报”的烙印。此外，也正是在弗雷斯塔尔的鼓励和推动下，最终促成凯南发表了著名的“X文章”。

与“八千字电报”不同，凯南以匿名“X”发表在《外交》杂志上题为“苏联行为的根源”的文章，[③] 并未以“俄罗斯传统而天生的不安全感”开篇，而是断言斯大林政策的根源来自两个方面：一是提倡用革命方式打败资本主义的马克思列宁主义；二是决心利用所谓“资本主义包围”的概念，作为合法化苏联社会统治和巩固其政治力量的遮羞布。“X文章”是八千字电报中遏制思想的提升和发展，更为重要的是，它引起了广大美国公众的注意。美国公众首次知悉了“美国对苏政策的基本要素，必须是对俄罗斯扩张倾向长期、耐心、坚定、警觉的遏制”。为达此目的，必须“通过针对苏联政策的变化，在一系列地缘政治要点采取恰当和警觉的反制”，来应对“苏联对西方世界自由机制的压力”。只有这样的政策，才能

---

① “President Harry Truman’s Address Before a Joint Session of Congress” March 12, 1947, http://avalon.law.yale.edu/20th_century/trudoc.asp.

② 范登堡当时是中央情报主任。

③ 参见乔治·凯南：《美国外交》（增订本），葵阳，南木，李活译，北京：世界知识出版社，1989年版，第85—101页。

“推动最终导致苏联政权解体或者逐渐软化的趋势”。[①] 凯南还进一步指出，美国应当独自承担实施遏制战略的重任，前提是不损害美国自身的经济健康和社会稳定。这样，在经历一段时期的压力和张力之后，苏联终将解体或逐步消亡。

“X 文章”一经发表就引发轩然大波。有人批评凯南的战略有些偏激。沃尔特·李普曼就强烈抨击“X 文章”，认为凯南的遏制战略没有区分中心与边缘利益，是“一头战略怪兽”，“只有通过招募、补贴和支持一系列卫星国、代理人、随从者和傀儡才能行动”。[②] 李普曼强调外交是改善美苏关系的关键，建议美国从欧洲撤军并促成德国的统一和非军事化。此时，关于“X”就是凯南的传言开始传播，认为“X 文章”带有官方性质，代表的是杜鲁门政府对待莫斯科的新政策。也有人批评凯南的遏制过于消极。约翰·福斯特·杜勒斯在 1952 年的竞选中就宣称，美国的政策不应只是遏制，而应是“击退”苏联势力并最终解放东欧。甚至在杜鲁门政府内部，也存在凯南与尼采之间有关遏制的争论。凯南认为，苏联的威胁主要是政治上的，主张首先应采取经济援助（如“马歇尔计划”）和“心理战”（公开宣传和隐蔽行动）的方式应对苏联的扩张。尼采却认为，苏联的威胁主要来自军事方面，因此所谓“采取恰当和警觉的反制”就是动用武力。1950 年，尼采的“遏制”观点最终胜出。杜鲁门签署国家安全委员会第 68 号报告（NSC－68），要求大规模增加美国军事预算，同时将实行遏制的地区从重要工业中心扩大至全球范围。报告称，“在当今两极化（世界）的背景下，任何地方自由制度的失败都是全体（自由制度）的失败”。[③]

其实，凯南“X 文章”对苏联行为评估的本意，并非外交政策

① 参见 Author（s）：X，“The Sources of Soviet Conduct”，*Foreign Affairs*，Vol. 25，No. 4（Jul.，1947），pp. 566－582。

② 参见 Walter Lippmann，*The Cold War：A Study in U. S. Foreign Policy*，New York：Harper，1947，pp. 18，21。

③ S. Nelson Drew ed.，*NSC－68：Forging the Strategy of Containment*，Washington D. C.：NDU Press，1994，p. 41.

指南，也并未暗示在世界任何地方不分轻重缓急对抗苏联扩张。按照凯南的观点，美国应当敢于挫败苏联及其共产党盟友在任何时间、任何地点的挑衅，重中之重是使西欧、日本和美国这些世界主要工业中心得以抵御苏联的扩张。问题是，文章并未明确指出，作者倾向于采取政治和经济的方式，而非军事的手段进行遏制。“我关于遏制的思想，确实被把它当作军事概念理解和追求的那些人所歪曲；我认为正是这种歪曲，以及其他原因，导致了40年不必要的、代价高昂和偏离正道的冷战”。[①] 或许这才是凯南关于遏制的正解和心声。

三、“遏制”战略的形成与发展

正当美国挖空心思、苦苦寻求应对苏联扩张的良策之际，分析到位、见解深刻的“八千字电报”情报评估的适时抛出，让杜鲁门总统及其外交决策圈喜出望外。长电报在美国政府内受到了热烈的欢迎，包括杜鲁门在内的众多美国外交主要决策者都阅读了这份特殊的电报，长电报的复印件还被分发到美国军方的诸多高级军官和美国在世界各地的外交使团手中。[②] 正是有了凯南情报分析中所倡导的“遏制”作为依托，杜鲁门才能充分利用在二战期间迅速崛起的美国力量，“义不容辞”地接过了英国的重担，提出了以遏制为基石的“杜鲁门主义”，正式向苏联的扩张宣战。杜鲁门主义的提出，也标志着美国对苏遏制战略的正式形成，美国两党在外交中一致抵制共产主义和对抗苏联的默契也由此开端，并一直延续到20世纪90年代初苏联的解体。值得一提的是，凯南后来曾经感叹，长电报能够引起华盛顿的非常关注，主要因为它恰逢其时，早六个月肯定会被横眉冷对而倍受指责，晚六个月则可能狗尾续貂而成为赘谈。[③] 可

① “An interview with George Kennan: Kennan on the Cold War”, April 1, 2009, available at http://www.johndclare.net/cold_war7_Kennan_interview.htm.

② 参见时殷弘：《美苏从合作到冷战》，北京：华夏出版社，1988年版，第130页。

③ Melvyn P. Leffler, “Remembering George Kennan: Lessons for Today?”, *USIP Special Report*, No. 180, December 2006.

见，情报评估的及时性，对外交决策的影响有时至关重要。

杜鲁门除了在希腊和土耳其实施其遏制战略之外，还说服国会通过了复兴欧洲的“马歇尔计划”。该计划的总设计师，正是因“X文章”名噪一时且影响渐增的乔治·凯南。凯南的思想得到了时任国务卿乔治·C. 马歇尔的赞赏，委托其创建并领导国务院的内部智囊团——政策计划室。[①] 凯南因此成为第一任主任，并深受马歇尔的信任和器重。凯南当时的看法是，尽管苏联战后力量较弱，不足以发动战争，却仍然能够通过颠覆、代理人等间接方式向饱受战火蹂躏的西欧扩张。凯南应对此种扩张的措施是，直接向日本和西欧提供经济援助和政治支持，从而推动全球资本主义阵营的发展，进而建立战后的世界权力平衡。凯南还建议，对没有完全倒向莫斯科的左翼政党和西欧工会进行秘密支持，从而催化其与莫斯科和西欧工人阶级运动之间的分裂。由此，凯南以八千字电报为蓝本，提出并设计了“马歇尔计划”，宗旨是通过西欧经济复兴防止苏联共产主义的扩张，方法是用大量美国援助的注入来重建欧洲。马歇尔计划是遏制战略的第一次牛刀小试，操刀人正是“遏制之父”凯南本人。在对苏联社会深刻了解和分析的基础上，凯南坚信，美国制度的优越性将帮助美国在美苏对峙的冷战中获得最终的胜利。因此，他主张美国应当进行政治动员而非军事动员，呼吁美国应该帮助那些战后饥寒交迫的国家，不让它们因走投无路而投入苏联的怀抱，这样的遏制才是“马歇尔计划”的根本所在。

“马歇尔计划”主要从经济的角度出发来遏制苏联、保卫西欧，为了进一步从军事上遏制苏联，杜鲁门还积极推动美国加入北大西洋公约组织（NATO）。很快，杜鲁门又在亚洲遭遇了新的危机——朝鲜战争。马歇尔计划、北约组织和朝鲜战争是冷战初期美国对苏遏制战略的典型案例，目的都是抓住一切机会阻止苏联共产主义的扩张。当时的美国外交决策者相信，如果无法做到这一点，那么美

① 参见 http：//en. wikipedia. org/wiki/Policy_ Planning_ Staff.

国乃至整个西方都将轰然倒塌。至于具体的遏制措施，就是限制贸易（尤其是技术贸易）以及全方位包围苏联。

遗憾的是，美国外交决策者出于自身政治需要，有时甚至背离凯南遏制战略的初衷，将军事打击上升到“多快好省”的最高遏制层面，并且主动寻求支持军事打击的情报支撑，其结果往往走向遏制的反面，带来意想不到的灾难，越南战争就是其中的典型。

四、“遏制”的情报因素与“遏制”的局限性

从“八千字电报”到贯穿整个冷战的遏制战略，从马歇尔计划到苏联的解体，凯南为美国情报服务外交决策树立了典范。适时、深刻和富有远见的外交情报，不仅促使正确的外交决策得以作出，而且还通过外交决策的执行反过来促进情报的调整和发展。比如，凯南提出通过“政治战”防止苏联扩张的建议，① 实际上是倡导一场意识形态战争，包括后来建立的“欧洲自由电台”。然而，“政治战”在实践中却超出了凯南的预想，其中一个直接结果就是在中央情报局建立的“政策协调办公室”，② 负责指挥成千上万的特工在全球开展所谓“政治战”活动。

需要特别指出的是，当时刚刚创建的中央情报局在对苏遏制战略的形成和发展中，也曾发挥过重要作用。甚至可以说，中央情报局的发展壮大恰好伴随着遏制战略的形成和发展。比如，为了遏制当时西欧第二大共产党——意大利共产党——力争大选胜利的威胁，中央情报局就在1948年意大利大选中，使用购买选票、广播宣传、打击报复等卑鄙手段开展所谓隐蔽活动，并最终获得成功。③ 其实，

---

① “政治战”的英文表述为“Political Warfare”，其实就是通过各种宣传手段影响他国人民的意识形态。参见 http://www.cfr.org/wars-and-warfare/political-warfare/p30894；“Political Warfare Executive: The Meaning, Techniques and Methods of Political Warfare”，http://www.psywar.co.uk/psywar/reproductions/MeanTechMethod.pdf.

② 参见 *Office of Policy Coordination*: 1948－1952，http://cryptome.org/2012/05/cia-opc.pdf.

③ 参见 Nelson McAvoy, *Coded Messages: How the NSA and CIA Hoodwink Congress and the People*, New York: Algora Publishing, 2010, p. 97.

中央情报局的创建本身，就是二战后美国决策者与军事领导人应对苏联向欧洲扩张和填补战后真空地带的需要。中央情报局能够影响遏制战略的形成和发展，主要有以下几个方面的原因：

第一，作为新生的美国情报机构，中央情报局从诞生的那一天起，就伴随着苏联不断增加的威胁，而且其自身的迅速成长也与这种威胁的增加成正比。美国迫切需要中央情报局快速成为政府回答有关苏联“不确定性”问题的智囊。《国家安全法》也专门规定中央情报局负责针对苏联的心理战。“九国共产党情报局”的建立、第一次柏林危机、捷克斯洛伐克政变等事件的接踵发生，专门为对苏决策一类重大事件设立的中央情报局责无旁贷地冲在第一线，并且充分发挥其协助甚至影响积极外交决策的作用。

第二，回顾1947年至1950年中央情报局在功能和能力上的扩张，可以看出，中央情报局被赋予了收集、评估与遏制战略直接相关的更多资源，其对外交决策的影响不仅力量较大而且层次较高。1949年专门针对中央情报局的《中央情报局法》，[1] 就赋予其反间谍的新任务。其他授权还包括，宣传运用、官员培训、协助国外游击队组织、无须国会批准的独立财务等。所有这一切均表明，中央情报局已成为能够影响外交决策的重要情报机构。

第三，考察中央情报局与参谋长联席会议、国务院以及总统之间的关系可以发现，中央情报局完全可以影响外交决策者或外交决策部门。杜鲁门总统就曾命令其特别顾问克利福德，要求中央情报主任准备有关“现在和将来苏联军事政策”的情报评估。[2] 总统愿意阅读并接受简洁明快的每日简讯和每周简报，以便迅速了解国际形势和外交决策方向。这一时期所有的中央情报主任都是高级军

---

① 参见50 U. S. C. § 403a.

② 参见“Letter from Clifford to Leahy, 18 July, 1946”, http: //www. gwu. edu/ ~ nsarchiv/coldwar/documents/episode-2/01 –01. htm。

官，[1] 与多数参谋长联席会议官员的出身相同，自然容易建立起与参谋长联席会议之间相互尊重的友好关系。其中的范登堡，更是在军界享有极高的声誉。此外，随着联合情报委员会[2]（JIC）的逐渐淡出，参谋长联席会议也不得不越来越依靠中央情报局。中央情报局虽然与国务院之间就行政管理事务发生过几次争吵，但都并非不可调和。随着中央情报局的发展壮大，经常借调国务院的人员帮忙，也间接促进了双方之间的积极互动。出于遏制苏联这个日益危险"敌人"的需要，政府对中央情报局的依赖也与日俱增。

第四，在美国政府关于遏制战略的实际政策中，都能找到中央情报局的蛛丝马迹。美国的外交决策者们欣然接受遏制战略的逻辑十分清晰。在美国承认西欧对其安全至关重要之后，以及美国外交决策者了解到该地区"面对克里姆林宫统治的相对脆弱性"之后，NSC－68 建议美国增强自身和"自由世界"的军事力量。遏制战略形成初期的每一步背后，几乎都有中央情报局的影子，由它负责递交最能影响外交决策者取向的情报评估，如专为总统上报、包含"他履行总统职责应当掌握的对外情报"的每日简报。[3] 除了 NSC－68 和杜鲁门主义中明显的中央情报局因素之外，中央情报局还提交过倡导建立"北大西洋公约组织"（NATO）的情报报告，[4] 意在遏制克里姆林宫浑水摸鱼的幻想。当然，中央情报局并非刻意塑造外交决策，但中央情报局不可避免地会影响外交决策者对苏联行为的反应和应对方式。

---

① 参见 CIA History Staff，"Fifteen DCIs' First 100 Days"，http：//www. cia. gov/library/center-for-the-study-of-intelligence/kent-csi/vol38no5/pdf/v38i5a07p. pdf。

② Larry A. Valero，"The American Joint Intelligence Committee and Estimates of the Soviet Union，1945 － 1947"，http：//www. cia. gov/library/center-for-the-study-of-intelligence/csi-publications/csi-studies/studies/summer00/art06. html.

③ 参见"Memorandum for the Executive to the Director：An Adequacy Survey of the CIG Daily and Weekly Summaries as it was Prepared by OCD on 9 December 1946"，http：//www. foia. cia. gov/sites/default/files/document_ conversions/5829/CIA-RDP80R01731R003600030019 －4. pdf。

④ 参见"ORE 41/49：Effects of a U. S. Foreign Military aid Program"，24 February 1949.

然而，由“八千字电报”发展而来的遏制战略，其影响却一直延续到以苏联解体为标志的冷战结束，甚至成为一些美国政客叫嚣打压中国崛起的工具。其实，遏制战略并不能“包治百病”，整个美国都将为其一时的失控而买单。正是约翰逊总统脑海中挥之不去的遏制“幽灵”，让其积极寻找卷入越战的蛛丝马迹。[①]“东京湾事件”的“适时”发生，[②] 让约翰逊眼前一亮，为其作出任期内可能最重要却最遗憾的外交决策——升级越南战争（越战“美国化”）——提供了“及时”的情报“支援”。[③] 而这一刻意扭曲的情报“支援”所导致的决策后果，[④] 却令整个美国至今仍不堪回首。越南战争导致美国政府信誉扫地，外交遭受重创，对外干涉的角色和能力也因此广受质疑。

总之，不论凯南在20世纪50年代早期遭受了多少批评和失败，也不论左翼批评其过于偏激而右翼指责其太过软弱，对苏遏制却一直是美国贯穿整个冷战的基本战略。遏制战略的外交决策，其意义一方面是美国没有再次回到“孤立主义”的樊笼，另一方面是美国

---

① 约翰逊在回忆录中写道，“现在我们已经成为越南战场的主要战斗力量。我们已经决定，只要可能，就不能让那个国家（越南）落入共产主义者手中。”参见 Lyndon Baines Johnson, The vantage point: perspectives of the Presidency, 1963 - 1969, Austin: Holt, Rinehart and Winston, 1971, p. 153.

② 1964 年 8 月 2 日，美国“马多克斯”号驱逐舰在执行电子侦察任务之后返回的途中，于东京湾遭到北越鱼雷艇的攻击，攻击被驱逐舰击退。然而，约翰逊却并未命令美国军舰撤出危险区域，而是命令另一艘驱逐舰“乔伊·C·特纳”号前往东京湾增援“马多克斯”号。8 月 4 日，两艘军舰均报告遭到鱼雷艇攻击。关于第二次被攻击的报告疑点颇多，因为当时的天气如此糟糕，舰上的紧张气氛又是如此之浓，以致于美国海军士兵容易草木皆兵、惊慌失措。国会随后根据约翰逊总统的提议通过“东京湾决议”，授权约翰逊广泛的法律权力以便“与北越入侵者作战”。

③ 参见 Rodney Stich, *Those Ugly Americans: 20th & 21st Centuries*, Alamo: Silverpeak Enterprises, 2010, p. 4.; Robert J. Hanyok, “Skunks, Bogies, Silent Hounds, and the Flying Fish: The Gulf of Tonkin Mystery, 2 - 4 August 1964”, *Cryptologic Quarterly* 19, no. 4/20, no. 1 (2000/2001), p. 1 - 55; Louis F. Giles, “The Gulf of Tonkin Mystery: The SIGINT Hounds were Howling”, December 5, 2005, available at: http: //www. nsa. gov; Joseph C. Goulden, *Truth Is the First Casualty: The Gulf of Tonkin Affair: Illusion and Reality*, New York: Rand McNally, 1969, p. 160。

④ 美军共计 58209 人死亡，153303 人受伤。参见 *American War and Military Operations Casualties: Lists and Statistics*, CRS report for congress, June 29, 2007, p. CRS - 11.

也没有如同杜勒斯宣称的那样迅速“击退”苏联的扩张。可以说，从杜鲁门到里根甚至到奥巴马的历届美国政府，都或多或少地采取了具有自身特色的遏制政策。有趣的是，在遏制战略服务的冷战即将取得最后胜利之时，美国情报却几乎马失前蹄而晚节不保，在判断苏联是否解体的情报评估中，未能及时预测这一重大历史事件的发生，导致时任美国总统老布什险些作出严重错误的外交决策。①

最后，可以用“情报—决策”流程示意图，来简单描述从“八千字电报”情报评估到对苏遏制战略的美国外交决策之路。

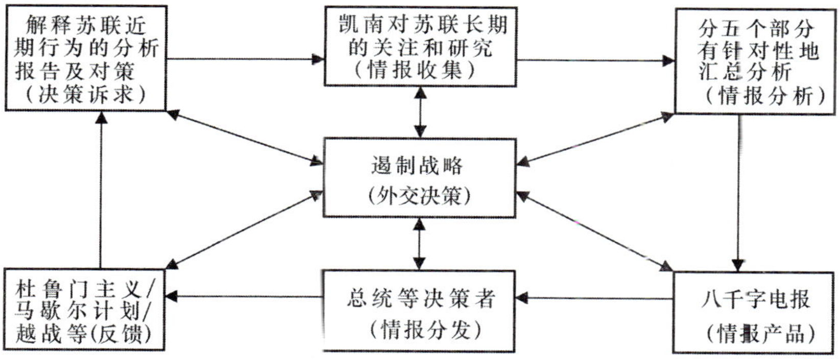

图1　凯南“八千字电报”与“遏制”战略外交决策示意图

第二节　图像情报与古巴导弹危机

古巴导弹危机是人类世界离核大战最近的时刻，也是肯尼迪总统任期内最为严重的外交事件。在惊心动魄的13天里，美国情报谱写了从被动到主动、力挽外交狂澜的辉煌篇章。美国情报的卓越表现，使得赫鲁晓夫的贸然挑衅功亏一篑，也使得肯尼迪摆脱了“猪

① 参见 *At Cold War's End: US Intelligence on the Soviet Union and Eastern Europe*, 1989－1991, CSI Publications, http://www.cia.gov/library/center-for-the-study-of-intelligence/csi-publications/books-and-monographs/at-cold-wars-end-us-intelligence-on-the-soviet-union-and-eastern-europe-1989-1991/art-1.html。

湾事件”的尴尬，在对苏冷战中暂时赢得先机。客观及时的图像情报及其准确研判，肯尼迪政府对情报及时有效的采纳和吸收，共同书写了美国情报与外交决策之间的良性互动，最终促成了古巴导弹危机基本按照美国的方式和平解决。而危机中美国情报与外交决策所有的互动传奇，都只能到尘封的历史档案中去搜寻。

一、国际政治背景下的决策诉求

古巴革命之前，美国与古巴的关系总体而言是稳定大于动荡，合作大于疏远。[①] 两国关系产生摩擦，始于卡斯特罗的所谓古巴改革方案。[②] 美国对古巴涉及美国私人财产的改革方案十分在意，[③] 当卡斯特罗威胁并且最终实施导致美国在古巴遭受财产损失的国有化改革时，美国增加了对古巴的贸易限制，如停止购买古巴蔗糖并且拒绝供应其急需的石油，对古巴经济造成了毁灭性打击。“库布勒”号（La Coubre）事件的发生，又使得古巴与美国的关系更趋紧张。[④] 随着古巴国有化改革的逐步推进，美国的贸易限制也步步紧逼，这又促使卡斯特罗为挽救古巴经济转而与莫斯科建立贸易关系。苏联原本对远离美苏斗争核心区域的古巴并无兴趣，但古巴对美国的日益

---

① 菲德尔·卡斯特罗取得革命胜利并夺取政权之后，时任美国总统艾森豪威尔立刻正式承认了古巴新政府，表达了发展美国和古巴关系的良好愿望。古巴新政府成立之初，对两个超级大国之间的竞争也基本保持中立，卡斯特罗甚至还曾于1959年到美国旅游访问，并与时任美国副总统理查德·尼克松举行了会谈。参见 J. A. Sierra，“Fidel Castro’s Trip to the United States”，History of Cuba，http：//www. historyofcuba. com/history/franqui3. htm。

② “Timeline：US-Cuba relations”，BBC News，11 October 2012，http：//www. bbc. co. uk/news/world-latin-america-12159943.

③ 1959年9月4日，时任美国驻古巴大使伯恩塞尔在会见卡斯特罗时，表达了“严重关切针对在古巴美国农业和基础设施私人利益的方式。”参见“Bay of Pigs 40 Years After -Chronology”，The National Security Archive，http：//www. gwu. edu/ ~ nsarchiv/bayofpigs/chron. html。

④ 1960年3月，为古巴运送弹药的法国货轮“库布勒”号（La Coubre）在哈瓦那港发生爆炸，造成75人丧生。卡斯特罗谴责美国是这一事件的幕后主使，并将其与“缅因”号事件相提并论。参见“La Coubre”，Cuban Information Archives，http：//cuban-exile. com/doc _ 151-175/doc0166. html。

敌视，却给忙于在全世界推行共产主义的苏联提供了契机。古巴与苏联之间越走越近，与华盛顿的关系则是渐行渐远。1961年，美国终于正式断绝了与古巴的外交关系。同年，中央情报局支持在美国的古巴流亡者执行颠覆卡斯特罗政权的"猪湾行动"。行动遭到了彻底的失败，卡斯特罗更是对美国恨之入骨，古巴也自此彻底转向苏联和社会主义。

危机发生之前，苏联感到在与美国的军备竞赛中逐渐落于下风，尤其是苏联战略导弹的质量和数量都与美国存在一定的差距。因此，苏联领导人赫鲁晓夫开始考虑在与美国近在咫尺的古巴部署中程导弹，试图通过抵近部署的方式弥补苏联导弹射程的不足，从而倍增苏联对美国的战略威慑力，进而防止美国对苏联潜在的战略打击。

与此同时，卡斯特罗在成功击溃中央情报局操纵的猪湾行动之后，深感来自外部势力的第二次入侵或许不可避免，也正在积极寻求一种免遭再次入侵的方法。这样，苏联由于"导弹差距"所滋生的不安全感，与古巴由于担心再次入侵所产生的不安全感不谋而合。双方一拍即合，卡斯特罗欣然批准赫鲁晓夫在古巴部署导弹的计划。

1962年整个夏季，苏联都一直在迅速而秘密地建设在古巴的导弹基地。苏联在古巴不断增加的军事部署，一直受到美国的高度关注，美国外交决策者也迫切需要对苏联的意图和能力进行及时的预判。而对苏联在古巴军事部署的情报评估，也经历了一个曲折求证的过程，一直持续到中央情报局执行空中侦察任务的U-2，拍摄到那张惊人的照片为止。

二、危机爆发前的美国情报评估

随着古巴局势的日趋紧张和苏联的积极介入，美国也加强了对古巴的情报分析和评估。在发现苏联在古巴部署进攻性导弹之前，美国情报界对古巴形势的分析判断，经历了一个从误判到确证的曲折过程。这一过程可以简单表述为：情报显示苏联军火和人员在古巴的突然增加→特别国家情报评估误判形势→麦考恩警告包括总统在内的高级政府官员苏联可能正在古巴部署中程弹道导弹→中央情报局的U-2空中侦察发现古巴存在地对空导弹（SAM）阵地→麦考恩警告地对空导弹可能是为了保护后续中程弹道导弹的部署→图像情报证实苏联在古巴的中程弹道导弹阵地。

美国情报界从1962年7月下旬以来，就一直追踪记录苏联在古巴军事力量的变化情况，并且将其汇总为如下所示的“古巴苏联军力集结进度表”。

表1　古巴苏联军力集结进度表①（1962年7月—1962年10月）

（日期均为近似）

日期	西部古巴	中部古巴	东部古巴
7.25—7.31	苏联军火大批运抵古巴西部港口		
8.01—8.05	马坦扎、哈瓦那、玛丽埃尔、巴希亚宏达、圣卢西亚、圣朱莉安和拉科罗玛开建地对空导弹阵地		
8.05—8.10			
8.10—8.15			
8.15—8.20	苏联装甲集团抵达拉斯维加斯的圣地亚哥和阿尔特米萨	苏联军火大批运抵古巴中部港口	
8.20—8.25		西恩福格斯开建地对空导弹阵地	
8.25—8.31			
9.01—9.05	关纳杰开建中远程弹道导弹阵地	萨瓜拉戈兰迪、凯巴里恩和桑克地斯皮里特斯开建地对空导弹阵地	

① Mary S. McAuliffe ed., *CIA Documents on the Cuban Missile Crisis* 1962, Washington, DC: History Staff of Central Intelligence Agency, October 1992, pp. 7-8.

续表

日期	西部古巴	中部古巴	东部古巴
9.05—9.10		苏联装甲集团抵达雷米迪奥斯	
9.10—9.15			
9.15—9.20	圣克里斯托巴开建中程弹道导弹阵地	雷米迪奥斯开建中远程弹道导弹阵地	大批苏联军火运抵古巴东部港口；苏联装甲集团抵达胡尔鼓安
9.20—25			洛杉矶、查帕拉和基瓜尼开建地对空导弹阵地
9.25—9.30		萨瓜拉戈兰迪开建中程弹道导弹阵地	马纳蒂、塞纳多和曼萨尼罗开建地对空导弹阵地

注：显然因无需保卫进攻性导弹而不如上述阵地重要，其余 SAM 阵地始建于 9 月末或 10 月初。派恩岛的西瓜尼阿 SAM 阵地可能始建于 9 月最后一个星期，艾斯米拉达、查姆巴斯、马尔多纳多、圣地亚德古巴、西艾戈德阿维拉和德雷特 SAM 阵地可能始建于 10 月的上半月。

1962 年 8 月 1 日的国家情报评估“古巴形势和展望”（NIE 85 - 2 - 62），① 就已经分析研究了卡斯特罗的政治地位、古巴武装力量对卡斯特罗兄弟的忠诚度、苏联集团提供的军事装备以及对古巴部队的培训、苏联维护和加强卡斯特罗政权日益增加的义务等问题。评估得出的主要结论有：卡斯特罗已经站稳脚跟，并且与苏联关系不会破裂；苏联将更多地承担巩固卡斯特罗政权的义务，但会避免正式的防卫承诺；古巴武装力量忠于卡斯特罗兄弟的领导，而且在苏联帮助下能力得以大幅提升，但仍然属于防卫性质等等。可见，美国已经注意到了苏联对古巴军事援助的增多，以及协防古巴意识的增强，但却并不认为这种增强意味着古巴防御性质的改变。

伴随苏联 8 月间军事集结的加快和增多，美国也加大了对古巴

① Mary S. McAuliffe ed., *CIA Documents on the Cuban Missile Crisis 1962*, Washington, DC: History Staff of Central Intelligence Agency, October 1992, pp. 9 - 12.

情报侦察的力度。8月29日的一次U－2空中侦察，就首次发现了位于古巴西部的SAM导弹阵地。[①] 但是，有关这些导弹意图何在的情报分析却出现了分歧。一些分析人员认为，苏联此举不足为怪，无需杞人忧天；另一些人则认为，应当引起高度重视，并对其进行跟踪研判。

1962年9月19日，美国情报界专门就此问题提交了特别国家情报评估"古巴军力集结"（SNIE 85－3－62），[②] 作为上一国家情报评估（NIE 85－2－62）的补充。其主要结论是，苏联在古巴的军力集结主要出于政治和防卫目的，苏联可能在古巴部署更为"进攻性"的防卫武器，希望从在古巴部署弹道导弹，或者更有可能从在古巴建立弹道导弹潜艇基地中获取可观的军事优势，但任何一种选择都与苏联目前的行为方式以及美国对其评估的政策取向不相吻合。可见，这份后来广受质疑的特别国家情报评估，采纳了上述第一类情报分析人员的观点，基本上重申了上一份特别国家情报评估的看法，即苏联不会在古巴部署进攻性战略武器。事后看来，这份离危机发生时间最近的特别国家情报评估，得出的核心结论显然与事实相反。谢尔曼·肯特负责的团队，显然低估了SAM导弹的军事意义，最终导致以肯尼迪总统为首的美国外交决策者们，在危机爆发时显得难以置信和措手不及。

难能可贵的是，时任中央情报主任兼中央情报局局长麦考恩，并未被情报的惯性牵引和制约，也没有为这份特别国家情报评估所折服，用一种"众人皆醉我独醒"的高度职业敏感和负责精神，得出了与之截然不同的看法，即苏联在古巴的军力集结不仅仅是防御性的。他还专门针对上述评估结论的"D"部分，即最为核心的结论部分，表达了自己的不同意见，即"一个苏联在古巴的进攻性基地，将为苏联提供与其他关键地区相关的最为重要和行之有效的交

---

① Kurt Wiersma and Ben Larson，"Fourteen Days in October：The Cuban Missile Crisis"，October 1997，http：//library. thinkquest. org/11046/days/.

② 参见"Military Buildup in Cuba"，*SNIE* 85－3－62，September 19，1962.

易筹码，他们可能会为此铤而走险”。[1] 冰冻三尺非一日之寒，麦考恩能有如此见地，不仅得益于其平时大力推进情报评估工作，而且受益于其不自觉地介入外交决策领域。他不仅要求所属情报人员提出对策分析，而且还积极参与美国的重大外交决策。遗憾的是，在美国最需要麦考恩的历史时刻，他却阴差阳错地踏上了远赴欧洲的蜜月之旅，以致于他 9 月中旬从欧洲发回的意见和建议已然于事无补。

总之，危机发生之前的美国情报评估，陷入了一种惯性思维和先入为主的怪圈，未能及时预测和洞察苏联军力集结背后的真正图谋。尽管也有麦考恩与众不同的独到见解，却由于“猪湾事件”等前车之鉴在外交决策者心中留下了阴影，未能发挥情报应有的预警作用。同时也充分说明，在美国官僚政治模式之下，位高如中央情报主任，仍然无法仅靠自身的力量阻止“小集团思维”的巨大惯性。这或许是此次危机的情报之哀，却是美国外交的长远之幸。更为幸运的是，肯特团队险些铸成的大错，终于由 U－2 空中侦察人员和图像情报判读人员及时加以挽回。

三、图像情报及其准确研判

1962 年 10 月 14 日，正当美国外交决策者们还沉浸在一切照旧的常规之中时，一次针对古巴的 U－2 空中侦察，[2] 却用确凿的证据和不争的事实将他们从幻想中惊醒。它带回的照片显示，苏联正在古巴部署进攻性中程弹道导弹！

这次 U－2 空中侦察任务的成行可谓来之不易。10 月 4 日，麦考恩在一次跨部门小组会议上，强烈建议扩大对古巴的 U－2 空中侦察，该小组还要求参谋长联席会议主席和中央情报局等相关机构，

---

① Mary S. McAuliffe ed. , *CIA Documents on the Cuban Missile Crisis* 1962, Washington, DC: History Staff of Central Intelligence Agency, October 1992, p. 16.

② 参见“Cuban Missile Crisis”, http://www.saylor.org/site/wp-content/uploads/2011/03/Cuban-Missile-Crisis.pdf.

考察所有可行的空中侦察方案并及时提交可行性报告。[①] 由于担心 U－2 可能被已经部署在古巴的 SAM 导弹击落，以及 10 月 8 日以后天气变得糟糕，因此，尽管在古巴的苏联军力集结迅速，9 月 5 日至 10 月 14 日之间，美国却没有使用 U－2 对古巴的可疑地区进行空中侦察。10 月 14 日天气转好之后，理查德·黑塞尔少校驾驶 U－2 针对古巴的可疑地区拍摄了 928 张照片，其中就有能够证明苏联在古巴建设 SS－4 阵地的图片在内。[②]

说到此处，一个美国情报界并不显眼的机构却不得不提，正是因为它的出色工作，才最终避免了危机演变成危险、导弹危机演变成导弹大战。这个机构就是后来成为美国国家地理空间情报局（NGA）的国家图片判读中心（NPIC）。当时，正是图片判读人员狄伦佐负责领导的四人小组，根据 U－2 拍摄的照片形成了最初的结论，即古巴的确存在苏联的中程弹道导弹。[③] 但是，狄伦佐起初并不看好这个“惊人”的发现，因为它缺乏更为直接的“铁证”。他清楚地知道，对于看门道的内行而言，长长的帆布下覆盖的物体就是进攻性弹道导弹；但对于看热闹的外行而言，却意味着什么都是又什么都不是。

难怪美国国家图片判读中心创始人之一的迪诺·布鲁奇奥尼，事后曾经这样描述古巴导弹危机中他们为外交决策者所做的图片情报说明。[④] 他说，当他们逐级向美国外交决策者们介绍该情报的含义时，每一位官员的反应都与肯尼迪总统一样，即“你们肯定吗?”正是因为有了中央情报局的 U－2 侦察飞行，图片判读人员才有机会对

---

① Mary S. McAuliffe ed.，*CIA Documents on the Cuban Missile Crisis* 1962，Washington，DC：History Staff of Central Intelligence Agency，October 1992，p. 136.

② 参见“Cuban Missile Crisis”，http：//www. saylor. org/site/wp-content/uploads/2011/03/Cuban-Missile-Crisis. pdf.

③ Ken White，“Photo Interpreters Recall Cuban Missile Crisis”，U. S. Department of Defense，Oct. 18，2012，http：//www. defense. gov/news/newsarticle. aspx？id＝118247.

④ J. R. Dailey，“Viewport”，Air & Space Magazine，November 2012，http：//www. airspacemag. com/military-aviation/Viewport-Seeing-Is-Believing-169348696. html.

此作出肯定的回答。

布鲁奇奥尼事后回忆，“我记得朗代尔在抓耳挠腮，看着我说，‘我不想吓坏他们，但我想确保他们了解危险所在。’”[①] 毫无疑问，这是图片情报判读人员，甚至是整个美国情报界的光辉时刻，正是他们明确告知肯尼迪总统这些导弹何时能够准备发射。美国情报也终于部分洗刷了猪湾惨败以来的耻辱，用各种渠道汇集而来、支离破碎的情报碎片，成功地拼接出了让美国外交决策者们一目了然的古巴导弹全景。正如国家地理空间情报分析员沃尔特·S. 特里诺克所说，“决策者接收信息的类型和节奏并未改变，挑战就是需要拣出相关和‘怎样’的东西协助他们决策。”[②] 也正如肯特曾经骄傲地宣称那样，“美国在这场危机中逼退苏联的原因，不是（我们）窃取到了克林姆林宫和（苏联）政治局将如何应对我们威胁的文件，而是我们将决策基于更为昂贵、繁多和微妙的信息及其缜密、深邃的分析之上。”[③]

针对美国情报在处理此次危机中的出色表现，并且充分认识到中央情报局在保卫国家安全方面扮演的重要角色，肯尼迪总统专门给时任中央情报主任兼中央情报局局长麦考恩写信，对中央情报局的工作予以高度评价和赞扬。他在信中写道：“危急时刻知道我们拥有如此敬业奉献和技能高超的情报人员，对我而言当然是巨大的力量源泉。尽管我无法亲自逐一表扬情报界每一分支机构的努力，却希望你能通过美国情报委员会成员转达我个人对他们的赞扬，对他们所取得成绩的敬佩，以及对一个伟大国家由衷的赞美。”[④]

---

① Ken White, “Photo Interpreters Recall Cuban Missile Crisis”, U. S. Department of Defense, Oct. 18, 2012, http: //www. defense. gov/news/newsarticle. aspx? id = 118247.

② Ken White, “Photo Interpreters Recall Cuban Missile Crisis”, U. S. Department of Defense, Oct. 18, 2012, http: //www. defense. gov/news/newsarticle. aspx? id = 118247.

③ Sherman Kent, *Strategic Intelligence for American World Policy*, Hamden, Connecticut: Archon Books, 1965, p. xviii.

④ “Presidential Reflections on U. S. Intelligence: John F. Kennedy”, http: //www. cia. gov/news-information/featured-story-archive/2010-featured-story-archive/john-f-kennedy. html.

四、肯尼迪政府的外交决策

外交决策的本质，是坚硬外壳覆盖下那颗并不柔软的心。无论是旁观者，还是外交决策者本人，触摸到的似乎都是难以“穿透”的重重迷雾。决策的过程总会存在一些黑暗而繁杂的因素，甚至对身临其境的局内人而言也显得神秘莫测。① 这正是古巴导弹危机发生时，肯尼迪政府所面临困境的真实写照。

古巴导弹危机中的美国外交决策，主要围绕三个中心问题展开，即苏联为何试图在古巴部署进攻性导弹？美国选择何种恰当的回应方式？美国如何采取相应的措施迫使苏联撤出导弹？

第一个问题的答案相对简单。按照尼基塔·赫鲁晓夫回忆录中所说，② 他考虑在古巴部署中程导弹的想法，主要是作为一种应对美国发展和部署战略导弹势头的方式，同时也是保卫古巴免遭美国所策划侵略的手段，即防止另一场猪湾事件的重演。当然，赫鲁晓夫不愿明说的其他原因可能还有几个：一是炫耀苏联的实力，利用从加勒比海发动核打击的有利形势威慑美国；二是增加苏联试图迫使西柏林并入东德的谈判筹码；三是增添苏联在全世界、尤其是在社会主义国家中的威望。

第二个问题的答案则较为复杂。面临随时可能爆发大规模核战争的严峻形势和危机挑战，肯尼迪总统于 10 月 22 日颁布第 196 号“国家安全行动备忘录”指令（NSAM 196），③ 要求立刻组成并召集“执行委员会”（简称 ExComm）顾问班子。执行委员会其实是国家安全委员会的附属执行委员会，成员有肯尼迪总统本人、总统的兄

---

① Graham T. Allison, Philip Zelikow, *Essence of Decision: Explaining the Cuban Missile Crisis*, London: Pearson Education, Inc., 1999, p. xi.

② “Cold War: Cuban Missile Crisis”, *Revelations from the Russian Archives*, http://www.loc.gov/exhibits/archives/colc.html.

③ “Establishment of an Executive Committee of the National Security Council”, *National Security Action Memorandum* 196, October 22, 1962, http://www.fas.org/irp/offdocs/nsam-jfk/nsam196.htm.

弟司法部长罗伯特·肯尼迪、国务卿迪安·腊斯克、国防部长罗伯特·麦克纳马拉、参谋长联席会议主席麦克斯韦尔·泰勒、中央情报局局长约翰·麦考恩、财政部长C·道格拉斯·迪伦、国家安全顾问麦克乔治·邦迪、特别顾问西奥多·索伦森等16人，副总统林登·约翰逊几乎全程参与了所有白宫关键性会议。美国驻联合国大使阿德莱·斯蒂文森和前国防部长罗伯特·洛维特参与了白宫的一些会议，前国务卿迪安·艾奇逊参与了部分国务院的会议并给出了私人建议。

美国情报界及时提交的情报评估，为执行委员会的研究讨论提供了重要参考。比如，10月19日的特别国家情报评估（SNIE 11－18－62），[①] 以及10月20日的特别国家情报评估（SNIE 11－19－62），[②] 就专门分析了苏联对美国可能采取措施的反应，结论是苏联不会冒险发动大规模常规战争。许多执行委员会成员因此主张，采取军事打击的方式摧毁古巴领土上即将服役的苏联导弹，但肯尼迪总统却并不愿意迅速使危机升级。他领导执行委员会对包括政治、外交、封锁和军事等多种可能的决策选项，进行了认真而谨慎的评估。经过一个星期的秘密讨论，在得知所谓"外科手术式"的军事打击，并不能确保完全摧毁苏联在古巴的导弹，而且可能带来10000到20000人员伤亡之后，[③] 他向全世界郑重宣布了美国的最终外交决策，即对继续向古巴运送武器装备的船只实施海上"隔离"封锁。

随后的第二个星期，美苏双方你来我往、互不让步，局势变得越发紧张。按照时任苏军前线陆军总指挥安纳托利·格里布科夫的说法，"核灾难一触即发……我们不是以天或小时，而是以分钟在倒

---

① Mary S. McAuliffe ed., *CIA Documents on the Cuban Missile Crisis* 1962, Washington, DC: History Staff of Central Intelligence Agency, October 1992, pp. 196－202.

② ibid., pp. 210－220.

③ Kurt Wiersma and Ben Larson, "Fourteen Days in October: The Cuban Missile Crisis", p. 13. http://library.advanced.org/11046/.

计时。”[①] 面对采取军事打击或者接受现实的两难选择，肯尼迪不为所动，设计了包含三个要素的另一应对之策。一是若苏联撤出导弹，则美国承诺不入侵古巴的公开交易；二是若上述提议被拒绝，则发出24小时之内进攻古巴的私下最后通牒；三是承诺6个月内从土耳其撤出美国导弹的“买一送一”秘密协定。

此外，赫鲁晓夫在危机期间给肯尼迪的几封信件，[②] 也为危机的最终和平解决奠定了一定的基础。1962年10月23日和24日的信，暗示了苏联在古巴部署导弹的防御性质以及苏联的和平动机。10月26日的信琐碎而冗长，似乎建议可以用撤出导弹和人员来交换美国及其“代理人”不入侵古巴的保证。10月27日的信则建议，如果美国从土耳其撤出导弹，苏联就从古巴撤出导弹。肯尼迪政府决定，忽略10月27日的来信并接受10月26日来信所提出的条件。10月28日，赫鲁晓夫宣布撤出导弹并运回苏联，他显然相信了美国不入侵古巴的承诺。

既然双方都有了和平解决的愿望，剩下的只是为达成最终解决的讨价还价了，而上述第三个问题的答案也就不言自明了。赫鲁晓夫在最后关头接受了美国的提议，危机有惊无险地得以化解。赫鲁晓夫转变态度接受美国的提议并决定从古巴撤出导弹的真正原因，至今仍不明朗。或许赫鲁晓夫清楚，发生在古巴的战争将很快升级为消灭两个超级大国的核战争；或许赫鲁晓夫认为，已经赢得了美国显著的让步并得到了体面撤退的台阶，即美国承诺不入侵古巴并且撤出部署在土耳其的导弹。

五、情报到决策的经验教训

外交如棋，外交决策就是棋盘之外看不见的运筹帷幄，而外交

① “The Cuban missile crisis”, *The Guardian*, 14 October 2002, http://www.guardian.co.uk/news/2002/oct/14/netnotes.cuba.

② “Cold War: Cuban Missile Crisis”, *Revelations from the Russian Archives*, http://www.loc.gov/exhibits/archives/colc.html.

决策的执行则是棋盘之上看得见的步步腾挪，有时苦苦求和，有时步步惊心，有时山重水复，有时柳暗花明，一招奇可直捣黄龙，半步错能满盘皆输，而情报或许就是运筹帷幄的坚实支撑，是直捣黄龙或满盘皆输的那一招半步。古巴导弹危机中的美国情报和外交决策就充分体现了这一深刻道理。

美苏两个超级大国因为在古巴部署导弹这件不大不小的事件，险些走到相互摧毁的核战边缘。所幸的是，当两个还算负责任的大国站在毁灭边缘的时候，却并未立刻拔刀相向，而是各自开始理智地反思。或许世界应当感谢肯尼迪和赫鲁晓夫，不论危机期间如何一波三折与惊心动魄，作为危机双方最为关键的外交决策者，他们最终成功避免了毁灭世界的核战争。或许他们的最大收获就是，将来不再允许世界政治轻易变得如此简单而生硬；或许美国外交决策者们的最大收获就是，未来作出重大外交决策之时，应三思而后行。尽管在古巴的导弹最终全部得以撤出，毁灭世界的核战也并未点燃，古巴导弹危机的经验教训却不应轻易忘记。

就外交决策而言，需要总结汲取的经验教训主要有以下三个方面：

首先，一般危机管理过程更为强调慎用强制性措施，而肯尼迪在古巴导弹危机中却反其道而行之，及时宣布留有余地而又态度鲜明的海上“隔离”，为最终和平解决危机创造了条件并奠定了基础。其中的关键是威慑的得体适度、情报的及时获悉和信息的有效传递。要使对方决策向己方预定的方向转化，就必须了解对方的决策心理、决策依据以及影响决策的各种因素，分析其最担心的是什么，然后根据己方的意图选择最大限度震慑对方的手段和方式，这一切自然都离不开及时、准确的情报支撑。

其次，核威慑与核力量解决不了现实中的外交决策问题，核战争更不是解决分歧的最好方式，而且核危机管理往往过于凶险。因此，应当时刻以换位思考的方式积极避免可能引发核危机的冲突发生，防止迫使对手必须在“忍辱而退”与“发动核战”的两难之间选择，最好能够在全世界全面禁止核武的研发和试验。

最后，美国在这次危机决策中能够占得先机，主要有三个方面的原因：一是美国拥有在古巴周边地区高出苏联一筹的军事实力；二是危机并未危及苏联国家利益；三是苏联在古巴部署核弹无法获得世界舆论的持续支持。

就情报而言，需要总结汲取的经验教训主要有以下九个方面：

第一，必须建立防止未来危机迅速恶化为核冲突的防范措施，尤其是情报预警措施。正是有效情报预警措施的缺乏，才导致肯尼迪政府在危机发生之初显得措手不及，只能被动应对。

第二，必须充分认识并挖掘图像情报的巨大价值。如果没有U－2空中侦察，肯尼迪总统可能就无法及时发现苏联在古巴部署的导弹。这也充分证明，艾森豪威尔总统当年对有效空中情报侦察的重视是何等有先见之明。没有他当年力主研发的高空侦察机U－2，就没有所谓的古巴导弹危机，而只剩下美国不得不接受的事实和难以下咽的冷战苦果。可以想象，危机时刻在国家图片判读中心奋战的人员该是何等骄傲和自豪，正是他们将原始图片信息转化为供外交决策者参考的重要“可读”情报，为危机苗头的发现和最终解决立下了汗马功劳。古巴导弹危机对图像情报的启示是，未来完全可以利用空中侦察能力和卫星图片，对裁军和军控协议进行监控，进而服务于相关外交决策。危机结束之后，肯尼迪总统完全认识到了空中侦察图片情报的能力和用途，他与朗代尔进行了一番长谈，[①] 询问是否可以利用空中侦察手段监控苏联执行裁军和军控协议。他甚至认为，照相机可能是美国最好的督察。朗代尔则建议，未来的卫星侦察手段可以更好地用于对裁军和军控协议的监控。

第三，必须重视不同情报部门之间的协调。危机暴露出美国各个情报部门之间缺乏协调，原因是它们独自运转却又事务相关。其实问题早在“第二次柏林危机”以及对美苏战略力量差距的评估中

---

① Dino A. Brugioni, *Eyeball to Eyeball: The Inside Story of the Cuban Missile Crisis*, New York: Random House, 1990, p. 549.

就已经初见端倪。危机反映出情报界当时研究和分析部门的设置，并不适合应对诸如古巴导弹危机之类的事件。情报界当时共有三个分析小组，各自独立处理自己担负的问题。[①] 一个关注拉丁美洲事务，实质上聚焦于古巴问题，如向古巴海运武器装备及其对拉丁美洲的政治冲击；一个关注柏林问题，如苏联威胁与东德达成内部协议并将西方赶出西柏林；还有一个则只负责处理苏联战略力量事务，并且每年仅就此问题提交一份情报评估。各分析小组都主要考虑自身所关注的问题，各组之间缺乏有效的协调和沟通，导致最终的情报分析面目全非。事实上，各自独立的小组架构，使得情报界未能及时进行关联性思考，如柏林问题的解决，可能与古巴问题的发展相关，或者与苏联试图在古巴部署导弹以重塑权力平衡相关。

第四，必须保持危机处理中全方位、全时段沟通交流的畅通。或许古巴导弹危机中最大的经验教训就是，应当保持包括政治、军事、外交和情报在内全方位沟通交流的畅通。无论是直接还是间接的方式，保持沟通对化解危机不可或缺。显然，除却国务院和外交部加密、传输和翻译外交电文这种老套的政府间情报沟通方式之外，还应积极寻求诸如外交人员私下密谈、国家领导人互通信件等更为灵活的情报交流方式。

第五，必须引导情报分析人员充分考虑不同于主流观点的信息，避免得出不准确的结论。1962 年 9 月 19 日的国家情报评估，就未能及时预警苏联在古巴部署进攻性核武器的意图，导致危机发生时美国政府的猝不及防。当然，预测对手的意图或意志是情报分析人员最为艰巨的任务。时任国家情报评估办公室主任的肯特，对此了然于胸。然而，历史总是充斥着先入为主的实例，一旦陷入这种思维模式，就会不由自主地掉进“排斥其他可能正确看法”的怪圈。特别国家情报评估“古巴军力建设”（SNIE 85 - 3 - 62）就是如此。该评估声称，“我们相信于 7 月开始的军事建设，并不反映苏联对古巴

① Dino A. Brugioni, *Eyeball to Eyeball: The Inside Story of the Cuban Missile Crisis*, New York: Random House, 1990, pp. 98 - 99.

的全新政策……不会改变古巴军力集结的防卫性质……”。[①] 麦考恩后来解释说：“情报界、国务院和国防部的主流观点都是，在古巴部署进攻性导弹的做法与苏联的行为方式如此不符，根本不可能发生。而且苏联从未在其任何卫星国部署此类导弹。当然，古巴是其唯一间接控制的实地，从此地发射的导弹可以覆盖华盛顿或纽约，但无法覆盖莫斯科，因此情形又有所不同。”[②] 但是，麦考恩的电话未能阻止上述评估的签发并报送肯尼迪总统。

第六，必须保证危机处理中某些事项的绝对保密。绝对的保密对于肯尼迪总统赢得处理危机的时间至关重要。他需要掌握苏联中程弹道导弹和其他进攻性武器确实存在的可靠证据以及其相关具体数字；他需要时间动员美国陆海空三军，并且考虑何时、如何使用；他需要时间决定如何利用掌握的证据、采取最好的方式应对赫鲁晓夫；他还需要时间计划如何执行美国既定的决策。而这一切只能在绝对保密的条件下方可顺利进行。

第七，必须充分认识情报自身的局限性，在缺乏直接证据时更是如此。在复杂环境中，情报无法百分之百地正确预测对手的潜在行为。在古巴导弹危机这样复杂多变的局势下，没有任何情报能够完全正确预测苏联可能的行为。就算将来出现类似的情形，还是可能发生类似的误判。而在缺乏直接证据的时候，情报分析人员只能退而求其次，找寻能够暗示事情发展真相的信息。因此，肯特才会在有关苏联在古巴军力集结的事实中，极力寻找预示其最终规模和性质的蛛丝马迹，得出“苏联的意图是赋予卡斯特罗坚不可摧的防卫能力”的结论。

第八，必须尽力避免情报分析受到人为失误、误判和偏见的影响。信息只有通过人的处理才能成为有用的情报，其如何被解读却往往依赖于那个最先对其进行评估的人。情报人员常常面对原始情

---

① 参见“Military Buildup in Cuba”, *SNIE* 85 -3 -62, September 19, 1962.

② Ralph E. Weber ed., *Spymasters: Ten CIA Officers in Their Own Words*, Wilmington, DE: Scholarly Resources, Inc., 1999, p. 225.

报过剩的困境，情报就像流水线一样被分工处理，而每个情报人员的天赋、个性、观念等又不尽相同，会不自觉地将其带入任务之中，根本无法保持同样的标准或者使用同样的尺度。一条原本有价值的信息，完全可能因为第一个判读人员不信其真而变得不值一文，反之亦然。人们趋利避害的本性蒙蔽了他们追寻真相的眼睛，使得此类事情的发生在情报史上并不鲜见。

第九，情报必须注重研究对手的决策过程，并且学习其决策经验。只有熟悉并洞察对手的决策方式和特点，才能透过重重迷雾、及时把握危机中出现的转机，从而在未来的情报评估中占据更为有利的位置，为外交决策者提供更为合理可行的选择。

“风浪总是与最棒的航海家相伴”，而娴熟的航海家需要依靠及时有效的精准情报，没有可靠的相关情报服务，国家注定将在阴暗的天空下冒险航行。在古巴导弹危机这场突如其来的风浪之中，正是因为有了美国情报提供的有力支撑，肯尼迪总统这个“最棒的航海家”，才能在危机中指引美国避免在阴暗的核天空之下冒险航行。

最后，还是可以用“情报—决策”流程示意图，来简单说明古巴导弹危机中，美国情报与外交决策积极互动并最终化解整个危机的过程。

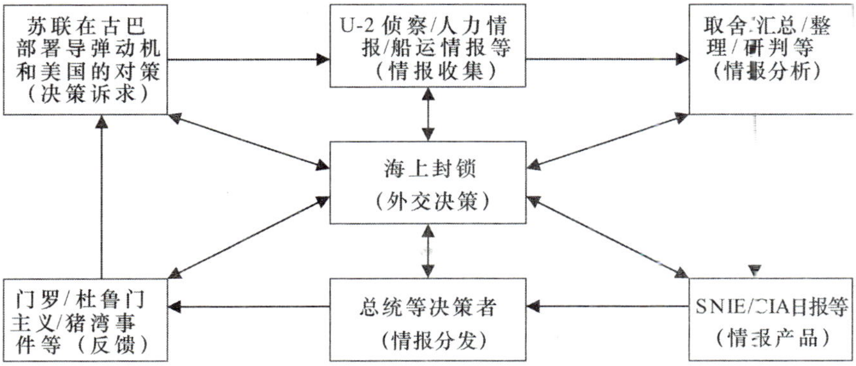

图2 古巴导弹危机和平解决与美国外交决策示意图

第三节　政治化情报铺垫伊拉克战争之路

作为唯一的超级大国，美国的国家安全主要关注两个方面，即国内民生和社会稳定；需要应对两个主要方向：一是外来威胁，如国际恐怖主义和大规模杀伤性武器（Weapons of Mass Destruction，简称WMD）的扩散；二是内在威胁，如自然灾害或者社会暴力（包括国内恐怖主义）。大规模杀伤性武器在美国外交决策中所占的份量由此可见。具体阐释“布什主义”的2002年美国国家安全战略报告，[①]就十分明确地将打击全球恐怖主义和防止大规模杀伤性武器扩散作为美国重中之重的首要外交政策。正是在2002年国家安全战略报告和“布什主义”反恐旗帜的指引之下，以小布什总统为首的美国政府才导演了一出以寻找伊拉克大规模杀伤性武器为开篇，以发动伊拉克战争为高潮的外交决策好戏。也正是以沃尔福威茨为首的新保守派，不惜践踏美国情报与外交决策关系的底线，利用“特别计划办公室”按需炮制的政治化情报，为小布什政府的外交决策者们描绘了一幅有关伊拉克大规模杀伤性武器的扭曲画面，从而铺平了后者走向伊拉克战争的决策之路；而后者对情报带有主观倾向的选择使用，也成为情报政治化的帮凶，最终导致挥之不去的WMD之殇。

一、国际政治背景下的决策诉求

1991年，美国率领的多国部队以摧枯拉朽之势横扫伊拉克军队并成功进入伊拉克领土，取得了海湾战争的作战胜利。美伊双方随后通过谈判达成和平停战协议，海湾战争遂宣告结束。[②]

战斗的结束和协议的签订，并不意味着伊拉克（萨达姆）问题

① 参见“National Security Strategy of the United States of America”，September 2002，http：//www. state. gov/documents/organization/63562. pdf.

② 参见“Gulf War”，http：//looklex. com/e. o/gulfwar. htm。

的彻底解决。其实，早在海湾战争接近尾声的时候，关于如何处理萨达姆·侯赛因的问题就一直存在很大争议。问题的关键是，是否有必要彻底推翻萨达姆的统治。按照时任国防部长迪克·切尼的说法，“我所思考的问题是，萨达姆值得美国付出多少额外士兵的生命？答案是，没他妈的那么多。因此，我认为将他赶出科威特是正确的，总统关于我们已经完成使命的决定也是正确的，我们没有必要陷入接管伊拉克的泥潭之中。”① 美国当时的考虑可能是，一个被削弱的萨达姆所统治的弱小伊拉克，比一个或许更加危险的新政权更为符合美国的利益。一方面，不确定和不稳定的新政权，可能会导致伊拉克的迅速分裂，使得该地区一贯反美的伊朗占得优势并打破地区平衡，而这是美国所不愿意看到的结果；另一方面，时任美国总统老布什、国防部长切尼以及参谋长联席会议主席鲍威尔，都认为萨达姆对伊拉克的控制已经到了命悬一线的地步，只要中央情报局创办的“自由伊拉克之声”适时地煽风点火，就能鼓动伊拉克人民起来推翻萨达姆的统治并最终解放伊拉克。② 事与愿违的是，反抗萨达姆的起义很快就被萨达姆彻底镇压。发现萨达姆仍然能够控制伊拉克局势之后，老布什并未下令美国军队介入，而是决定采取对其遏制的外交政策，方法主要有严格的联合国检查、经济制裁、建立保护库尔德人的禁飞区等。

萨达姆的安然无恙和不时搅局，让美国政府如芒在背、如鲠在喉，自然需要尽快寻求相关对策和解决方案。这就为以沃尔福威茨为代表的新保守派，提供了登上美国政治舞台的机会。其实，伊拉克反对派起义的失败和美国的“不作为”，让新保守派成员保罗·沃

---

① Charles Pope, “Cheney changed his view on Iraq”, *Seattle Post – Intelligencer*, 29 September 2004, http://www.seattlepi.com/national/192908_cheney29.html.

② 参见“Gulf War”, pp. 15 – 16, http://www.saylor.org/site/wp-content/uploads/2011/06/Gulf-War.pdf.

尔福威茨（Wolfowitz）颇为不满。[①] 这位在里根政府中担任过国务院负责东亚和公共事务的国务卿助理抱怨说，美国的“无动于衷”等同于“对拦路抢劫袖手旁观”[②]。沃尔福威茨很快成为积极鼓动美国政府采取强硬对伊政策的“鹰派”吹鼓手，逐渐将其思想融入小布什政府的决策之中，形成所谓“先发制人”的“布什主义”，并最终成功“劝说”小布什发动伊拉克战争。

堪称“布什主义”总设计师的保罗·沃尔福威茨，曾经弃理从文并师从沃尔斯泰特。[③] 他对美国外交决策的影响可谓历史悠久。早在20世纪70年代末，他就参加了臭名昭著的“B组”，[④] 为里根政府放手开始军备竞赛并全面遏制苏联效力；担任切尼负责政策事务的助理时，他又监督制定了颇有争议的《1992年国防计划草案》（DPG），[⑤] 成为日后小布什政府“先发制人”战略和“积极干涉”外交政策的早期蓝图；他在《美国新世纪计划》中叫嚣向伊拉克开战[⑥]；他还与道格拉斯·费斯一道，利用“特别计划办公室”（OSP）

① 新保守派不同于提倡渐进改良的传统派，倡导用武力、操纵和欺骗等激进手段变革社会，维护自由市场经济以便大公司掌控全球，在外交政策上认为美国能够而且应当为包括穆斯林国家（如伊拉克、伊朗、沙特等）在内的全世界建立民主。参见 http：//www. urbandictionary. com/define. php？ term = neo-conservative；http：//www. conservapedia. com/Neoconservatism。

② 参见“Bush's Key Advisors Spent Decade Pressing for Saddam's Ouster”，*The Buie Knife*，12 April 2004，http：//jimbuie. blogs. com/journal/2004/04/bushs_ key_ advis. html。

③ 沃尔福威茨出生于布鲁克林的一个波兰犹太移民家庭，在康奈尔大学获数学和化学学士学位，随后违背父愿攻读政治学研究生，他在沃尔斯泰特的指导下完成了博士论文，并于1972年获得芝加哥大学政治学博士学位，有趣的是，当初驱使他弃理从文的原因之一，竟然是一时兴起的防止爆发核战争的念头。参见 http：//en. wikipedia. org/wiki/Paul_ Wolfowitz。

④ 20世纪70年代末期老布什担任中央情报局局长后，引进“外行”组成所谓“B组”对苏联进行独立评估，与中央情报局专业人员组成的“A组”相互验证以求获得更为合理的情报分析协助决策，结果是A组高估，B组离谱，成为贻笑大方的谈资。参见 http：//www. historycommons. org/context. jsp？ item = a1176teambversusteama。

⑤ 参见“FY 94-99 Defense Planning Guidance Sections for Comment（U）”，18 February 1992.

⑥ 参见“Statement of Principles”，*Project for the New American Century*，June 3，1997，http：//web. archive. org/web/20070810113753/www. newamericancentury. org/statementofprinciples. htm.

炮制伊拉克拥有大规模杀伤性武器的虚假情报。[1] 沃尔福威茨不平凡的履历表明，他不是安于现状、循规蹈矩的平常人，而是敢于谋划、渴望作为的行动派。丰富的任职经历也为其日后协助小布什形成所谓“布什主义”打下了坚实的基础。打个形象的比方，沃尔福威茨之于“布什主义”，相当于凯南之于“遏制战略”。

作为强硬外交的代言人，沃尔福威茨一直呼吁对伊拉克采取更为严厉的外交政策，矛头所指就是直接颠覆萨达姆政权，而这也正是“布什主义”出台的初衷——寻找对伊动武的理论支撑。

海湾战争之后签订的和平协议规定，伊拉克必须定期接受联合国关于其大规模杀伤性武器的检查。但萨达姆的推三阻四和故意刁难，却时常激怒以沃尔福威茨为代表的新保守派。他在1992年的《国防计划草案》中声称，遏制已经是冷战的遗产，美国应当手拿大棒、高声喊话，并且使用军事手段先发制人，防止某些国家大规模杀伤性武器的非法扩散，在必要时甚至可以单独采取行动。尽管行事谨慎、老道稳重的时任总统老布什并未采纳沃尔福威茨的主张，但这些思想中的绝大部分，尤其是“先发制人”的理念，却成为小布什2002年国家安全战略报告的主要观点，更是“布什主义”的要害所在。

1995年，萨达姆的女婿（也是伊拉克大规模杀伤性武器计划的负责人）叛逃美国，并且交代了有关伊拉克武库的相关情报。联合国依据这些情报对伊拉克实施了突击检查，并且销毁了相关设备和原料，但却并未发现检查组认定已经生产的大多数化学和生物武器。

1998年1月，部分新保守派的“鹰派”成员联名给时任总统克

① 参见“Report on Intelligence Activities Relating to Iraq Conducted by the Policy Counterterrorism Evaluation Group and the Office of Special Plans Within the Office of the Under Secretary of Defense for Policy”, *S. Report*, 110th Congress 2nd Session, Senate, June 2008.

林顿去信,[①] 呼吁推翻萨达姆政权。他们的主要理由正是萨达姆不断阻挠联合国的武器核查，使得美国无法获取有关伊拉克大规模杀伤性武器的具体情报。而对新保守派而言，萨达姆在海湾战争期间向以色列发射“飞毛腿”导弹，以及在两伊战争中对伊朗使用化学武器的事实，早就毫无疑问地表明，他将随时使用自己拥有的大规模杀伤性武器。上述新保守派成员强调，老布什对伊拉克的所谓“遏制”外交已经失败。他们在信中声称，“考虑到威胁的严重性，依赖于我们联盟伙伴以及与萨达姆合作的现行政策，是危险的和行不通的。唯一可行的战略就是，彻底消除伊拉克使用或者威胁使用大规模杀伤性武器的一切可能性。长期而言，则意味着赶走萨达姆并且推翻其政权。而这就是美国外交政策现在所需要的目标。”[②] 也就是说，美国对伊拉克不应采取“头痛医头脚痛医脚”的临时应付政策，而应奉行“快刀斩首兼斩乱麻”的一劳永逸政策。值得注意的是，上述联名信的末尾签名中，就有后来在小布什政府中担任国防部长的唐纳德·拉姆斯菲尔德，以及拉姆斯菲尔德的助理保罗·沃尔福威茨。此外，沃尔福威茨还于 1998 年在所谓的“拉姆斯菲尔德导弹委员会”中任职。[③] 该委员会经过六个月研究得出的结论是，与情报界的报告相反，针对美国的弹道导弹威胁比先前认为的要大得多，大到足以让美国几乎无法在有效部署之前获得足够预警。回想沃尔福威茨当年参加“B 组”的情景，这样的结论也就不足为奇。

沃尔福威茨还积极推行“布什主义”中十分重要的一条，即

① http://usforeignpolicy.about.com/gi/o.htm?zi=1/XJ&zTi=1&sdn=usforeignpolicy&cdn=newsissues&tm=12970&gps=448_44_1326_272&f=00&su=p284.13.342.ip_&tt=2&bt=6&bts=6&zu=http%3A//www.newamericancentury.org/iraqclintonletter.htm.

② http://usforeignpolicy.about.com/gi/o.htm?zi=1/XJ&zTi=1&sdn=usforeignpolicy&cdn=newsissues&tm=12970&gps=448_44_1326_272&f=00&su=p284.13.342.ip_&tt=2&bt=6&bts=6&zu=http%3A//www.newamericancentury.org/iraqclintonletter.htm.

③ 全称“美国弹道导弹威胁评估委员会”，主席为拉姆斯菲尔德，目的是让国会重视国防投入，参见 http://rightweb.irc-online.org/profile/Rumsfeld_Missile_Commission。

“美国至上”的新单边主义。其实，竭尽全力点燃伊拉克战火本身，就是“美国至上”思想的具体表现；而在必要时可以单独行动（防止大规模杀伤性武器扩散）的声明，更是将“我是老大”的“美国至上”精神展现得淋漓尽致。

一切似乎都在按计划进行，但突如其来的“9·11”噩梦却打乱了美国外交走向“布什主义”的步伐。“基地”组织这次震惊世界的恐怖袭击，使得小布什对美国所处的国际环境和恐怖主义有了崭新的认识。在事件发生后不久的9月20日，小布什在国会联席会议上的讲话中说道，“我们将对为恐怖主义提供援助和庇护的国家穷追猛打。每一地区的每个国家现在必须作出决定，要么和我们在一起，要么和恐怖主义在一边。从今天起，任何继续庇护和支持恐怖主义的国家都将被美国视为敌国。”① 正是在这次讲话精神的指引下，美国于2001年10月发动了阿富汗战争，理由是“情报显示塔利班政权正在为‘基地’组织提供庇护”。

2002年是“布什主义”成形的关键之年。小布什在这一年向世界抛出了所谓“邪恶轴心”的概念，指责伊拉克、伊朗和朝鲜是支持恐怖主义和寻求大规模杀伤性武器的无赖国家。他在国情咨文中宣布，“我们会小心谨慎，但时间不在我们一边。我不会在危险日趋聚集时还在踌躇观望，不会在危险日益临近时还在袖手旁观。美国不允许世界上最危险的政权用世界上最具毁灭性的武器威胁我们。”② “不观望”和“不旁观”意味着应当先发制人，“世界上最危险的政权”自然是指伊拉克，而“最具毁灭性的武器”当然就是发动伊拉克战争最好借口的大规模杀伤性武器。显然，小布什在这次讲话中已经埋下了日后对伊拉克“先发制人”的伏笔。到了2002年末，小布什政府已经开始公开谈论伊拉克拥有大规模杀伤性武器的可能性，

① “The text of President Bush’s address”, Tuesday Night, September 11, 2001, after terrorist attacks on New York and Washington, http://edition.cnn.com/2001/US/09/11/bush.speech.text/index.html?_s=PM:US.

② George W. Bush, “State of the Union Address by the President” (excerpts), 29 January 2002.

并且不断重申其对恐怖主义分子的庇护和支持。这一切当然都是在铺垫美国通往伊拉克战争的道路，其中最重要的角色当属沃尔福威茨。

有关沃尔福威茨推动小布什政府在“9·11”之后将矛头对准伊拉克的论述颇多。鲍勃·伍德沃德在其2004年出版的《计划攻击》一书中，就对沃尔福威茨积极主张向伊拉克开战有过生动描述，他（沃尔福威茨）是“一面永不停歇的鼓。他和他的新保守派成员们正在为（入侵伊拉克）的想法磨拳擦掌。”[①] 按照伍德沃德的说法，在“9·11”之后的那些日子里，沃尔福威茨“是唯一坚决主张攻击伊拉克的人……按照他的估计，有10%－50%的概率可以肯定萨达姆卷入了‘9·11’事件”。[②]

可见，“布什主义”萌芽、生长以及开花、结果的每一步背后，都能看到沃尔福威茨的影子，他是“布什主义”重要的幕后推手和名副其实的总设计师，正是因为他“锲而不舍”的追求，才催生出了以2002年美国国家安全战略为支撑的“布什主义”。也正是在“布什主义”的指导之下，沃尔福威茨才敢于冒天下之大不韪，竭力寻求支撑美国对伊拉克动武的所谓“正义”情报。

沃尔福威茨已经为小布什政府描绘好了指导性战略（“布什主义”），小布什已经为动武做好了充分的舆论铺垫（多次讲话），剩下的就差那个无数次挂在嘴边且呼之欲出的动武理由了（大规模杀伤性武器）。小布什政府所编导的“伊拉克战争之路”，其剧情发展是：美国遭到恐怖袭击（“9·11”）→美国必须反恐→最可怕的恐怖袭击是什么？→是使用大规模杀伤性武器的恐怖袭击→谁拥有非法或失控的大规模杀伤性武器？→萨达姆的伊拉克！→如何从根本上解决问题？→干掉萨达姆！而这一连串逻辑推理的关键就是——大规模杀伤性武器。因此，要想如愿以偿地迅速拉开伊拉克战争的序幕，从而迅速推翻萨达姆政权，实现美国一劳永逸消除所谓恐怖

---

① Bob Woodward, *Plan of Attack*, London: Simon & Schuster, 2004, p. 20.

② ibid., p. 22.

袭击威胁的战略目标，在所有战争决策的相关准备工作已经万事俱备的情况下，唯一欠缺的就是证明伊拉克拥有大规模杀伤性武器的证据了。但是，由于萨达姆拒不配合联合国的相关核查工作，使得美国掌握伊拉克大规模杀伤性武器的相关情报越发困难。面对情报获取手段日益缺乏的严峻形势，美国情报部门只得暂时依靠并非完全可信的人力资源情报以解燃眉之急，从而为相关情报的政治化打开了方便之门。

二、情报界的正式情报评估

伊拉克重要的地缘政治地位，使其在诸多方面都是美国情报一直关注的目标。也就是说，美国早就开始了针对伊拉克的常规情报工作，典型的代表就是沃尔福威茨及其新保守派所开展的相关工作。两伊战争时期，美国还是伊拉克的盟友，有充足的借口和大量的机会开展针对伊拉克的情报工作。海湾战争之后成立的联合国核查小组，也能提供一些有关伊拉克大规模杀伤性武器的辅助性情报。当然，这些都不过是零零散散的一般性情报，对于作出进攻伊拉克这样重大的外交决策来说份量远远不够。

战前美国情报界对伊情报评估中，最具权威也最具争议的当属2002年10月的国家情报评估“伊拉克继续大规模杀伤性武器计划”①（以下简称评估）。国家情报评估本身的特点和要求就体现了其权威性，它是情报界作为一个整体就某一事项的总结性评估，包括“不知道什么”、“怀疑可能发生什么”以及“在关键问题上的分歧是什么”等内容。这份评估主要针对伊拉克是否拥有大规模杀伤性武器及其投送工具，其结论是伊拉克拥有一定数量的此类武器，并且正在试图全面开发此类武器。值得注意的是，评估显示，参与其中的情报分析人员对此存在分歧。而且，评估并未谈及所谓“紧

---

① “NIE 2002 - 16HC, October 2002: Iraq's Continuing Programs for Weapons of Mass Destruction”, April 2004.

迫”的威胁，而只是为美国外交决策者们描绘了一幅客观的场景，即一位暴君（萨达姆）正在继续隐瞒真相，而真相可能对美国的利益不时构成威胁。

评估从三个方面解释了得出上述结论的理由。首先，历史表明萨达姆不会轻易放弃其大规模杀伤性武器计划；其次，萨达姆的欺骗使得联合国核查无法达到阻止他的预期目的；最后，联合国核查组 1998 年离开之后，包括国外情报在内的各种情报来源显示，伊拉克正在竭力隐藏违禁品。当然，这些还远远不够回答有关伊拉克大规模杀伤性武器的所有问题，但上述信息的汇总却足以提供相关情报评估所需要的坚实基础，并且回答伊拉克是否拥有大规模杀伤性武器这一关键性问题。

评估从导弹计划（中远程）和无人机（UAV）计划（短程）两个方面，肯定了伊拉克一直在秘密开发此类大规模杀伤性武器的投送载体。评估还一致认定萨达姆打算拥有核武器，大多数分析人员也相信萨达姆仍然拥有相关核计划，而且如果他获得裂变材料的话，就能在一年之内拥有核武器。不过，评估表明并未侦测到相关材料的采购行为。评估的最后结论是，萨达姆没有核武器，在 2007—2009 年之前或许都无法制造出来，但是大多数情报机构认为萨达姆早就开始重启其扩大的核计划。至于生物和化学武器，这份评估的看法是，伊拉克意图开发生物和化学武器，有能力将民用工业快速转化为生产化学武器的军用工业。

就这份评估所包含的内容而言，它基本客观反映了战前伊拉克大规模杀伤性武器的相关情况。然而，不论有关战前伊拉克情报的争议结果如何，不可否认的是，美国情报在精确定位伊拉克大规模杀伤性武器具体位置方面，的确让人大跌眼镜。不论伊拉克是成功地在开战前夜藏匿或转移了其大规模杀伤性武器，还是根本就没有足够的大规模杀伤性武器，无可辩驳的事实是，美国在战前和战后都没能找到情报十分肯定存在的大规模杀伤性武器。

中央司令部司令约翰·P. 阿比扎伊德，就曾在参议院武装部队委员会上作证时评论道，“情报是我在战术层面见过最准确的，或许也是我在战役层面见过最好的，但在有关大规模杀伤性武器问题的战略层面却是令人费解和不完善的。”①

总之，尽管战前美国情报界对伊拉克大规模杀伤性武器的相关评估存在瑕疵和不足，比如对人力情报来源核实不足等，总体而言还是客观描述了相关情况并且回答了相关问题，为美国的相关外交决策提供了比较合理的依据。令人意想不到的是，包括2002年10月国家情报评估在内的情报界正式产品，并未被美国主要外交决策者所采纳。更为严重的是，在美国对伊拉克战争决策的过程中，一个并不属于美国情报界长期成员的临时机构“特别计划办公室”（Office of Special Plans），② 却发挥了令人难以置信的重要作用。

三、“特别计划办公室”的“特别”评估

“特别计划办公室”（OSP），是国防部长拉姆斯菲尔德授权沃尔福威茨等创建的一个临时性机构。从其诞生到消亡的短暂时间来看，③ 它仿佛就是专为发动伊拉克战争而生。后来发生的一系列事件，也十分清楚地说明了这一点。

该办公室主要负责为小布什政府高级官员直接提供未经情报界处理的有关伊拉克的原始情报，以及制定和实施战前和战后事宜的相关计划。这样的职责和权力使其能够“变废为宝”和“按需定制”，利用对美国情报界废弃信息的“加工处理”，投外交决策者所

① 参见 Roy Jonkers，“Weekly Intelligence Notes #25 – 0327”，June 27，2003，http://www.afio.com/sections/wins/2003/2003 – 25.html#toc1.

② 参见“Office of Special Plans”，http://www.sourcewatch.org/index.php? title = Office_ of_ Special_ Plans。

③ 负责人为拉姆斯菲尔德国防政策事务助理的费斯，其前身为隶属于“国防部近东和南亚政策办公室”的“北部海湾事务办公室”（Northern Gulf Affairs Office），2002年10月更名并扩大为“特别计划办公室”，2003年6月因涉嫌炮制虚假情报遭受日益高涨的批评而改回原来的名称。

好，从而使其“情报”产品更容易受到美国外交决策高级官员的注意和青睐。此外，办公室成员多为新保守派，本身就鼓吹一种“美国第一、武力至上”的进攻性外交政策，更是赤裸裸地鼓吹对伊拉克开战并竭力寻找发动战争的借口。因此，按照《纽约客》资深调查记者塞缪尔·赫尔西的说法，“建立它的目的就是为了寻找沃尔福威茨及其老板——国防部长唐纳德·拉姆斯菲尔德想要的证据，即证明萨达姆·侯赛因与基地组织关系密切，以及伊拉克拥有威胁（波斯湾）地区以及潜在威胁美国的庞大生化武库，甚至还可能拥有核武器。”①

该办公室最为令人质疑的行为，就是将其有关伊拉克的情报评估，建立在伊拉克国民议会（INC）及其推荐的伊拉克变节分子所提供的信息之上，② 无视美国国务院和一些中央情报局情报分析人员关于他们“不值得信任”的警告。伊拉克国民议会的主要情报机构是“信息收集计划”（ICP），③ 负责20%左右对伊拉克战犯、变节者等的口头询问。伊拉克国民议会有关伊拉克的情报甚至还能直接送达副总统迪克·切尼，④ 而作为伊拉克国民议会与美国政府中间人的布鲁克，后来也承认其所提供的信息事先是有预案的，布鲁克曾经让他们（INC）“去给我带个恐怖分子和一些大规模杀伤性武器来，因为这就是布什政府感兴趣的东西。”⑤

时任中央情报局局长乔治·特内特，在参议院情报委员会上作

① 参见 Seymour M. Hersh，“Selective Intelligence”，*New Yorker*，May 5，2003。

② 参见 Laurie Mylroie，“The United States and the Iraqi National Congress”，*Middle East Intelligence Bulletin*，Vol. 3，No. 4，April 2001，http：//www. meforum. org/meib/articles/0104_ irl. htm；“Iraqi National Congress”，http：//www. princeton. edu/~ achaney/tmve/wiki100k/docs/Iraqi_ National_ Congress. html。

③ 参见“Information Collection Program”，http：//www. powerbase. info/index. php/Information_ Collection_ Program。

④ 参见“Profile：Memo”，http：//www. historycommons. org/entity. jsp？entity = memo。

⑤ 参见 Bryan Burrough，Evgenia Peretz，David Rose，and David Wise，“The Path to War”，Vanity Fair，November，2004，http：//www. vanityfair. com/politics/features/2004/05/path-to-war 200405。

证时就曾控诉“特别计划办公室”的胡作非为。他指控其利用伊拉克国民议会推荐的变节人员作为主要情报来源，修改中央情报局的情报评估并将其分发给国家安全顾问办公室，进而出现在切尼、拉姆斯菲尔德和小布什的各种公共讲话之中。[①]

可见，“特别计划办公室”的特别之处，就是为美国外交决策者准备投其所好的“特别”情报评估。而以新保守派为骨干的办公室，也没有辜负“老板们”的期望，适时提供了向巴格达进军的“重要”情报支撑，为小布什的伊拉克战争之路扫清了最为关键的一道障碍。

四、小布什政府外交决策者对情报的使用

海湾战争之后，美国情报界向外交决策者提供了大量有关伊拉克的情报分析，但是有关萨达姆·侯赛因内部决策圈的情报，尤其是伊拉克生产和投送大规模杀伤性武器能力的相关情报却十分缺乏。[②] 此外，由于曾经对伊朗（两伊战争）甚至自己的国民（库尔德人）使用过大规模杀伤性武器，对邻国科威特使用过武力（海湾战争），对联合国有关限制大规模杀伤性武器的要求置若罔闻（阻挠核查），当时的萨达姆·侯赛因及其统治的伊拉克早已恶名远播。因此，小布什政府中的一些高级外交决策者在入阁之前，内心已经先入为主地认定萨达姆政权是对美国和西方中东利益的现实威胁。而这样的观点和结论根本无需情报的支撑，一些高级官员甚至会无视情报分析人员的结论而自作主张。这样一种对情报的“无视”，可能源自一些战前情报分析的严重失实。比如，战前关于伊拉克正扩大

---

① 参见 Jason Leopold, “Tenet Tells Senators, Wolfowitz Committee Gave White House Dubious Intelligence”, 13 May 2003, http://www.informationclearinghouse.info/article4157.htm。

② 参见“Report to the President of the United States”, U.S., Commission on the Intelligence Capabilities of the United States Regarding Weapons of Mass Destruction [the WMD Commission], Mar 31, 2005。

其核计划的情报评估，就基本与事实不符。[①] 而有关伊拉克与基地组织之间全面联系证据的缺乏，也使得战前对伊情报评估广受诟病。关于战前美国对伊情报的局限性，2004 年 7 月的参议院情报特别委员会报告有十分详尽的论述[②]。虽然报告的整体看法比较一致，但是关于是否应当涉及行政部门和国会议员对战前情报的使用，却存在尖锐的分歧。经过主席罗伯特和副主席洛克菲勒的共同努力，委员会于 2004 年 2 月发布了一份共识，明确委员会的调查将针对“美国官员的公开声明是否获得情报的有力支撑”。洛克菲勒在这份共识中感叹，“这份共识反映了一个艰难而漫长的过程，我们能够按照需要将调查扩大至几个关键领域达成共识。”[③] 他还进一步强调，将追查“特别计划办公室”（OSP）所扮演的角色，为最终解密支撑伊拉克战争决策的情报如何出炉奠定了基础。

简单梳理小布什政府的一些公开声明，就能明了情报对美国有关伊拉克的外交决策有何贡献。事实上，甚至在美国推翻塔利班政权，且对伊拉克动武的决心日趋坚定的背景下，缺乏具体可靠的情报也一直是美国外交决策者时常谈论的话题。关于这一点，时任副总统切尼深有体会。他在 2002 年 8 月的一次讲话中说，“我们中的许多人坚信萨达姆将很快获得核武器。只是无法确切地推测有多快

---

① 参见“Statement by David Kay on the Interim Progress Report on the Activities of the Iraq Survey Group（ISG）”，Oct. 2，2003，http：//www. odci. gov/cia/public_ affairs/speeches/2003/david_ kay _ 10022003. html. The Report adds，however，that “We have discovered dozens of WMD-related program activities and significant amounts of equipment that Iraq concealed from the United Nations during the inspections that began in late 2002.”

② U. S. Congress，108th Congress，2d session，Senate，Select Committee on Intelligence，“U. S. Intelligence Community's Prewar Intelligence Assessments on Iraq”，*S. Rept.*，108 – 301，July 9，2004.

③ Senate Select Committee on Intelligence，“Chairman Roberts and Vice Chairman Rockefeller Issue Statement on Intelligence Committee's Review of Pre War Intelligence in Iraq”，Press Release，Feb. 12，2004.

罢了。情报是一项不确定的工作，甚至在最好的形势下也是如此。”①他还在上述讲话中，对美国的情报能力表示了怀疑。时任总统小布什，也对当时美国情报的缺乏深有同感，他在 2002 年 9 月 12 日的一次联合国重要讲话中强调，“今天，伊拉克继续封锁其核计划的重要信息，包括武器设计、采购清单、实验数据、核燃料记录和外国援助档案。”讲话的最后，他得出结论，“他（萨达姆）使用之时或许才是我们能够确信他拥有核武器之时，愿上帝保佑情况不至如此。”②

然而，与前期对情报缺乏的关注不同，小布什在 2003 年国情咨文中，多次援引有关伊拉克的情报阐明其对伊外交政策。比如，“我们的情报官员估计，萨达姆·侯赛因拥有足够生产 500 吨沙林、芥子气和 VX 神经毒气的原料”；“美国情报显示，萨达姆·侯赛因拥有至少 30000 具能够投送化学介质的载体武器”；“三名伊拉克叛逃人员告诉我们，伊拉克在 20 世纪 90 年代末，已经拥有数间移动生物武器实验室”③；等等。时任国务卿鲍威尔也在 2003 年 2 月的一次联合国讲话中声明，“我今天所说的话都有可靠的出处。这些话不是推测。我们给予你们的是基于可靠情报之上的事实和结论。”④ 可见，随着对伊战争决策的临近，美国高级外交决策者对待情报的态度发生了 180 度的转变，从对情报匮乏的隐隐担忧转变为对情报的高度认同。

小布什政府外交决策者对情报给予如此高度的肯定，引起了广泛的争议。情报本身的严格保密性，又不允许暴露其信息来源和分析原则，情报和情报使用的优劣也就更加无从探究了。一些人认为，

① “Vice President Speaks at VFW 103rd National Convention”, Aug. 26, 2002, http://www.whitehouse.gov/news/releases/2002/08/20020826.html.

② “Remarks by the President in Address to the United Nations General Assembly”, Sept. 12, 2002, http://www.whitehouse.gov/news/releases/2002/09/20020912-1.html.

③ “Text of President Bush's 2003 State of the Union Address”, January 28, 2003, http://www.washingtonpost.com/wp-srv/onpolitics/transcripts/bushtext_012803.html.

④ Secretary Colin L. Powell, “Remarks to the United Nations Security Council”, Feb. 5, 2003.

情报被歪曲以便塑造公众舆论；另一些人则争辩，在伊拉克努力拥有大规模杀伤性武器以及与恐怖分子关系方面，对情报的使用是准确的，但是相关分析细节却无法及时完全解密。

问题是，相较于国家安全委员会决策的过程而言，白宫声明成文的过程对情报分析复杂性的敏感度更低。2002 年 8 月，白宫开始通过由公关专家组成的“白宫伊拉克小组”（WHIG），协调挖掘进攻伊拉克的依据。[①] 该小组主要负责起草政府讲话和撰写白皮书的战略公关。它想要的是“抓眼球”的故事和图片，这是情报严肃而躲闪的语言所无法提供的。当情报分析人员非常关注伊拉克在化学战和生物战方面的努力时，政府讲话起草者们所关注的却是核问题，原因是“铀”这个敏感的字眼能够让人直接联系到原子弹这种毁灭性武器。这样，不论情报分析人员如何提醒，“铀”仍然不断出现在政府官员的讲话当中。

其实，有关战前伊拉克核能力的情报评估，一直是争论的焦点之一。副国家安全顾问斯蒂芬·哈德利事后承认，如果充分考虑美国情报分析人员对英国报告真实性的怀疑，那么小布什的国情咨文之中，就不应援引英国关于伊拉克试图获取大量非洲铀原料的说法，尽管其他不便透露的情报来源的确显示伊拉克曾经有过这样的努力[②]。

在伊拉克战争开始之前的几个月里，小布什政府的官员开始操纵情报以便为入侵伊拉克寻求借口。一些情报分析人员抱怨说，他们承受着撰写“支持政府入侵伊拉克”情报评估的压力。小布什政府中不同的军官、情报人员和外交人员，都指控“政府压制不同意见，而且情报分析人员生产支持白宫报告的情报评估的压力巨大，

① Barton Gellman and Walter Pincus, “Depiction of Threat Outgrew Supporting Evidence,” Washington Post, Aug. 10, 2003, http://www.washingtonpost.com/wp-dyn/content/article/2006/06/12/AR2006061200932.html.

② “Press briefing on Iraq WMD and SOTU speech, July 22, 2003”, http://www.whitehouse.gov/news/releases/2003/07/20030722-12.html.

即认定侯赛因对美国构成直接威胁，并且需要采取先发制人的军事行动加以解决。”①

尽管情报评估一般由情报分析人员撰写，力求描述供决策者参考的所有不确定背景因素，情报本身的特点却决定了此种描述无法做到非黑即白，而是一种近似于灰的调和色。就是这种“近似于灰”的“大规模杀伤性武器不确定性”情报评估，对发动伊拉克战争而言却至关重要。需要注意的是，衡量外交决策的标准主要是决策执行的最终结果。情报尽管能够为外交决策提供相关重要信息，却无法替代外交决策本身。

然而，不论有关伊拉克大规模杀伤性武器情报评估的争议结果如何，以小布什为首的美国外交决策者揪住相关情报做文章的意图却昭然若揭。他们一味寻找颠覆萨达姆政权的托辞，用于粉饰其伊拉克战争的所谓“正义性”。

五、情报服务对伊决策的 WMD 之殇

无论情报评估是否完善可靠，也不论当初的美国外交决策者到底是如何思考对情报的利用，伊拉克战争正面战场的硝烟早已散去，许多无辜的生命已遭不幸，留下的是挥之不去的“WMD 之殇”。

伊拉克战争决策完全是“欲加之罪何患无辞”的最佳注解。美国虽然如阿富汗战争一般赢得了正面战场的短暂胜利，但却输掉了其他方面更多的战斗。这场因臆想的大规模杀伤性武器（WMD）而发动的战争，就算不是得不偿失，也算不上赢得了美国最初设想的全面胜利。

当初发动伊拉克战争的圣经——“布什主义”，也因不断爆发的反美流血冲突和美国无力尽快推出一个有效运作的民主政府而深受

① 参见“Some in Bush administration have misgivings about Iraq policy”，Warren P. Strobel & Knight Ridder Newspapers，http：//www. mcclatchydc. com/2002/10/07/8592/some-in-bush-administration-have. html。

其害。而最大的讽刺，则来自在伊拉克并不存在的所谓 WMD。任何先发制人的战争均应依据合理可靠的情报支撑，而伊拉克踪影全无的 WMD，凸显出美国情报和外交决策的双重尴尬，更是衍生出严重危害美国情报与外交决策关系的情报政治化问题。

有趣的是，作为发动伊拉克战争理论根据的“布什主义”，到 2006 年时已经名存实亡。由“布什主义”和“臆想的大规模杀伤性武器”产下的怪胎——“伊拉克战争”，或许因为本身的先天不足，反而让“布什主义”难产而亡。这一事实本身，对美国情报与外交决策关系研究就显得意味深长。

此外，伊拉克战争发动之初的三条承诺更是无一兑现。言辞凿凿的 WMD 不见踪影，恐怖主义并未消失反而愈演愈烈，美国式民主根本无法嫁接于伊拉克文化之上。现实的场景更加不容乐观：驻伊美军忙于维持治安和挽回损失而无暇他顾；深陷伊拉克战争且两线作战的美国军队，一定程度上削弱了驻阿美军的实力，使得阿富汗塔利班能够发动更多的反击收复失地；公众对战争的不满使得民主党重新夺回国会的控制权，[①] 也迫使小布什开始驱逐内阁中的“鹰派”人物，首当其冲的就是国防部长拉姆斯菲尔德。

鼓吹战争的沃尔福威茨，也曾在一些场合流露过对小布什政府坚信伊拉克拥有 WMD 的疑惑。他在接受《名利场》记者山姆·泰能豪斯采访时说，“真相是，由于我们要与美国官僚政府打交道，因此我们决定聚焦于大家都能接受的一桩事情之上，那就是把 WMD 作为核心的理由。”[②] 然而，一时的疑惑并不能成为其开脱推动伊拉克战争的借口。这个为小布什政府规划“先发制人”反恐战略的新保守派代表人物，这个一生倡导使用武力实现“美国至上”梦想的

---

① “民主党重夺国会控制权”，人民网，2006 年 11 月 10 日，参见 http://world.people.com.cn/GB/1029/42355/5021034.html。

② Department of Defense News Transcript," Deputy Secretary Wolfowitz Interview with Sam Tannenhaus, Vanity Fair," May 29, 2003, http://www.defenselink.mil/transcripts/2003/tr20030509-depsecdef0223.html.

重要“鹰派”人物，终将被钉在美国情报服务外交决策的耻辱柱上，成为后来者引以为戒的最好写照。

“没有什么比行动中的无知更加可怕的了。”[①] 德国诗人和哲学家歌德曾经这样告诫道。而小布什显然没有聆听这位先贤的叮嘱，犯下了与越南战争时期前任总统约翰逊同样的错误，即对美国准备入侵国家历史和文化狂妄的自大和极度的无知，对发动战争所需情报的“孜孜以求”，最终一意孤行地将美国拽入中东浩瀚的沙漠。老布什费尽心机通过海湾战争才基本清除干净的越战阴影又得以死灰复燃，而且一直燃烧到小布什离任时也未见熄灭。

总之，美国政府的伊拉克战争决策，可以作为美国情报服务外交决策的典型反例。当然，主要的失误或者说是错误，应该算在外交决策者一方。他们不仅忽略美国情报界正式的国家情报评估（2002 年 10 月的国家情报评估），简单采纳并不属于情报界的“局外人”——“特别计划办公室”（OSP）——夸大其辞的评估报告，而且还有意无意地使情报走向政治化的一面，方便支撑其自身既定决策的需要。主要决策者之一的副总统切尼，置拥有 50 余年历史的美国现代情报体系于不顾；也是主要决策者之一的国防部长拉姆斯菲尔德，更是绕过国防情报局（DIA）。两者都转而依靠与自己“臭味相投”的“特别计划办公室”，为伊拉克战争决策架桥铺路。虽然战争按照他们的计划如期打响，并且取得了正面战场辉煌的胜利，但是伊拉克战争的后遗症至今仍在继续和蔓延。很难断言伊拉克战争决策的对错，可以汲取的教训却是：情报分析人员与外交决策者应当认真反省并及时回归一种相对平衡的关系。双方都有必要更好地理解这种平衡关系的复杂性和多面性，并且在尊重彼此角色的同时寻求一种建设性的“紧张”关系，从而既能保障美国情报对外交决策及时有效的服务，又能避免出现情报政治化这样严重的问题。

---

① 参见“Eleven quotes containing‘ignorance’”，“*Quote*”，http：//www. avendano. org/quote/index. php。

最后，仍然可以用“情报—决策”流程示意图，来简单描述伊拉克大规模杀伤性武器相关情报与美国伊拉克战争决策的基本过程。

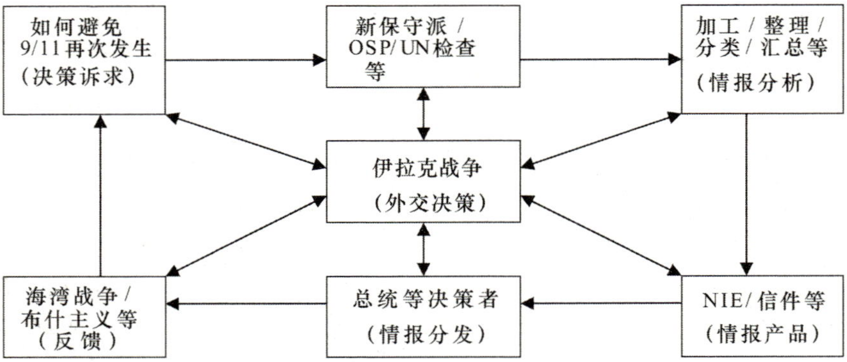

图3　伊拉克大规模杀伤性武器与美国伊拉克战争决策示意图

第四节　国家情报评估阻止对伊朗动武

随着广岛和长崎上空两朵巨大蘑菇云的升起，人类首次见证了“核”力量的可怕。从此，美国也一直对“核”问题倍加关注，更是无数次利用核问题在国际政治中推波助澜，留下诸多外交史上经典的案例。上文论述的伊拉克大规模杀伤性武器事件中，就处处笼罩着核问题的阴影，成为美国发动伊拉克战争的重要借口之一。而伊朗核问题则是接踵而至的又一案例。所幸的是，美国情报“保持距离”的客观坚守，最终迫使意欲动武的小布什政府只好偃旗息鼓、另作打算。而那份让小布什目瞪口呆的2007年伊朗核问题国家情报评估，也成为美国情报不为外交决策折腰的生动写照。

一、国际政治背景下的决策诉求

自从苏联成为继美国之后第二个有核国家以来，美国就一直对有关“核”的问题比较敏感和关注。其关注的重点和追求的目标主要是：有核国家不能扩散；无核国家不能打算。

美国对“核”问题的重视，首先体现在相关的法律文件之中。美国《国家安全法》就规定，[①] 国家情报总监应每年向国会领袖以及国会相关情报委员会提交评估俄罗斯核设施和核力量安全的情报报告，还应咨询情报界相关情报机构负责人和国务卿，并且向总统、国会相关情报委员会、众议院外交事务委员会、参议院外交委员会提交每份民用核合作协议“核扩散评估说明”的附录，内容包括当事国核相关物质出口控制机制的全面分析，包括当事国与其他核扩散观察国之间的联系以及向此类国家实际或者疑似的涉核、双重（军民）用途或者导弹相关的转让。此外，专门针对核扩散问题制定的1978年《核不扩散法》还规定，[②] 总统及相关行政部门应定期向国会相关委员会提交报告，内容主要包括上一年度防止核扩散所做出的努力以及所开展的活动。1994年的《防止核扩散法》，还专门就制裁核扩散行为以及国际原子能机构的职责和功能进行了明确的说明。[③]

美国对“核”问题的重视，其次体现在相关国家安全战略的描述之中。小布什2002年国家安全战略报告中就明确指出：“自由面临的最严重危险就在激进主义和技术的十字路口”；“大规模杀伤性武器和弹道导弹技术扩散开来之时，就是弱小国家甚至弱小组织能够毁灭性打击强大国家之日。”[④] 奥巴马2010年国家安全战略报告则宣称：“美国人民从未面临过比核武器恐怖袭击更加巨大和紧迫的危险”；“国际和平与安全正在遭受可能导致核（武器）交火的核扩散威胁。”[⑤]

美国希望通过立法和战略规划等方式，随时应对日益严峻的全

---

① 参见50 U. S. C. § 404i；50 U. S. C. § 403 - 1（w）。

② 参见22 U. S. C. § 2381。

③ 参见22 U. S. C. § 6301，Short Title。

④ “National Security Strategy of the United States of America”，September 2002，p. 12，http://www.state.gov/documents/organization/63562.pdf.

⑤ “National Security Strategy”，May 2010，p. 23.

球性核问题。力争将“有核国家数量逐渐增多”、“无核国家欲望日渐增强”所带来的日趋复杂多变的国际核环境置于其可控的范围。地处中东战略要冲，且在伊斯兰革命胜利之后一直敌视美国的伊朗，自然成为美国关注的“核”心所在。

1979年伊朗伊斯兰革命成功推翻美国支持的巴列维政权之后，美国与伊朗的外交关系就一直不尽如人意而且问题不断，而伊朗的“核”野心更是让包括美国在内的西方世界深感不安，这也正是小布什将伊朗列为“邪恶轴心”成员的重要原因。[①] 因此，除却对世界性核问题的普遍关注之外，美国对伊朗核问题更是“另眼相看”。

首先，美国专门针对伊朗的核问题进行相关立法。1998年的《防止伊朗核扩散法》及其后续修订法案[②]，主要目的都是表明对伊朗核问题的担心，防止国际社会向伊朗转移核设备和核技术，从而阻止伊朗野心勃勃的所谓核计划。2010年的《对伊朗全面制裁、问责和撤资法》[③] 更是直言不讳地指出，伊朗的非法核活动和弹道导弹技术对美国及其盟国（特别是以色列）的安全造成了威胁，美国必须与盟国一道，采取包括外交、政治和经济在内的一切可能措施阻止伊朗获得核武能力。

其次，美国专门在其国家安全战略中针对伊朗及其核问题进行分析。2010年奥巴马的美国国家安全战略报告，就重点针对伊朗进行了剖析。报告指出：“伊朗伊斯兰共和国长期以来一直未能履行其应尽的国际义务，对地区安全和美国安全造成威胁。除了其非法核计划之外，伊朗还继续支持恐怖主义，威胁以色列与巴勒斯坦之间的和平，否定其人民的天赋人权。多年以来拒绝与伊朗接触导致无法扭转这些趋势；相反，伊朗的行为变得越来越具有威胁性。我们

① 参见“President Delivers State of the Union Address”，White House，29 January 2002，http：//georgewbush-whitehouse. archives. gov/news/releases/2002/01/20020129 – 11. html。

② 参见“An Act”，H. R. 4851，105th Congress，2nd Session；后续如2002年的修订可参见http：//www. law. cornell. edu/topn/iran_ nuclear_ proliferation_ prevention_ act_ of_ 2002。

③ 参见22 U. S. C. §8501，Short Title。

应当毫不犹豫地寻求接触。只要伊朗领导人准备接受它（接触），就能够为伊朗提供一条更为光明的未来之路。但是只有伊朗领导人改弦易辙，重塑国际社会的信心，并且完全履行其义务，这条光明之路才能真正畅通。美国寻求的未来是，伊朗承担其国际义务，在国际社会中正确定位，其人民享受应有的政治和经济权利。然而，如果伊朗政府继续拒绝承担其应尽的国际义务，它就将面临更大的孤立。”① 冠冕堂皇的言辞之下，隐藏的是对伊朗核问题的隐隐担忧，以及对伊朗“改邪归正”的谆谆劝导。

海湾战争后，伊朗就成为美国眼中的“问题国家”之一。伊朗谋求核武等大规模杀伤性武器的情报，更是促使美国不断强化其对伊朗的遏制政策②。小布什就任美国总统后，延续和强化了克林顿时期的对伊“遏制”政策。2001 年 3 月，小布什签署命令，延长对伊朗的贸易和投资禁令。尽管伊朗在“9·11”恐怖袭击事件之后很快向美国表达了支持国际反恐的意愿，采取了诸如关闭与阿富汗的边界、支援北方联盟、允许国际救援物资从伊朗境内运进阿富汗等措施，支持美国打击塔利班的军事行动，但美国一直怀疑伊朗参与了恐怖袭击行动，指责伊朗与基地组织有染③。小布什在 2002 年 1 月 29 日发表的国情咨文中，仍将伊朗列为“邪恶轴心”国，两国关系

---

① “National Security Strategy”, May 2010, p. 26.

② 1995 年 5 月，美国国防部发表《美国的中东安全战略》，提出对两伊推行“双重遏制”战略。冷战结束后，美国以伊朗谋求大规模杀伤性武器，阻碍中东和平进程以及侵犯人权为借口，对它实施经济制裁和政治孤立。克林顿政府甚至称伊朗为“无赖国家”，并于 1995 年 4 月宣布对伊朗实施全面的经济制裁，中断美国公司对伊朗的一切投资及与伊朗的所有贸易往来。1996 年 3 月，克林顿颁布行政命令，禁止美国企业和个人及下属机构同伊朗开展贸易或者开发伊朗石油资源。5 月，克林顿又宣布终止对伊朗的所有贸易与投资。参见“DOD Issues Middle East Strategy Report”, U. S. Department of Defense News Release, May 17, 1995, http://www.defense.gov/releases/release.aspx?releaseid=489; http://oai.dtic.mil/oai/oai?verb=getRecord&metadataPrefix=html&identifier=ADA298040; Robert O. Freedman, “American Policy Toward Iraq and Iran in Clinton's Second Term”, Jerusalem Letter, No. 402, 27 Adar 5759, 15 March 1999, http://jcpa.org/jl/jl402.htm。

③ “The 9/11 Commission Report”, *Official Government Edition*, US Government Printing Office, p. 78.

不仅未能缓解，反而呈现出继续恶化的趋势。

美国在伊拉克战争期间也没有停止对伊朗的打压，不仅在战时指责伊朗庇护恐怖主义，而且在战后指责伊朗扰乱伊拉克的政治重建进程、破坏中东和平路线图的实现。2003 年 4 月，美国国务院发表《2002 年度全球恐怖主义报告》①，伊朗位列 7 个“赞助支持恐怖主义流氓国家”之首。该报告声称，伊朗仍然是支持恐怖主义“最活跃”的国家，“一些基地组织成员在伊朗找到了安全的避难所，甚至还可能得到了伊朗政府某些方面的保护”，而且“伊朗继续向黎巴嫩真主党和巴勒斯坦激进派组织，特别是哈马斯等组织提供资金、庇护、训练和武器。伊朗还为中亚、阿富汗和伊拉克与基地组织有联系的极端组织提供支持。”

尽管伊朗政府几次表示愿意与美国展开对话，但小布什政府一直拒绝与伊朗谈判，一直坚持对伊朗实施遏制政策，图谋实现促使伊朗“政权更迭”的战略目标。在推行遏制政策的同时，美国政府一度寄希望于伊朗国内改革派的政治变革，希望通过鼓励和支持民主力量的发展来改变伊朗现行政权。然而，伊朗国内局势并没有按照美国政府所希望的那样发展。2005 年 6 月，持强硬保守立场的内贾德赢得伊朗总统大选，他主张维护国家法律和宗教习俗的尊严，在对美关系和核问题上持不妥协的立场②。内贾德执政以来多次发表极端的言论③，美国政府自然对此强烈不满，进而对制止伊朗发展核计划的态度变得日趋强硬，也使伊朗核问题的解决增添了更多的变数。

可见，美国十分关注伊朗的核问题，试图随时掌控伊朗的相关动态和意图。其实，美国对伊朗核问题的关注和焦虑，主要源于所

---

① “Pattern of Global Terrorism 2002”, US Department of State, April 2003.

② 参见“内贾德当选伊朗新总统，国家未来走向引人瞩目”，新浪网，2005 年 6 月 29 日，http://news.sina.com.cn/w/2005-06-29/12187079561.shtml。

③ 万宏：“美联社：伊朗总统内贾德咒沙龙去死”，新华网，2006 年 1 月 6 日，http://news.qq.com/a/20060106/000408.htm。

谓的伊朗“核计划”。

二、2007 年之前的国家情报评估

所谓的伊朗“核计划”，其历史可以追溯至艾森豪威尔“原子和平计划”所倡导的“和平利用原子能合作研究协议”①，在某种意义上可以说，伊朗“核计划”是美国和平核计划的一部分。伊朗的核计划一直在美国的参与和帮助之下得以稳步发展②。然而，1979 年的伊朗伊斯兰革命和美国大使馆人质危机却改变了这一切，最直接的后果是，伊朗失去了原来以美国为首的西方援助。两伊战争期间，伊朗的核反应堆遭到伊拉克空袭被毁③，其核计划也因此被迫停滞。20 世纪 90 年代，伊朗转向俄罗斯和阿根廷寻求相关核技术，并建设相关核设施④。进入 21 世纪，随着阿富汗战争与伊拉克战争的进行，伊朗核问题也呈现出复杂化的趋势，美国对伊朗所谓和平利用核能的声明也一直心存疑虑。2005 年内贾德当选伊朗总统之后，公开采取一种敌视美国及其亲密盟友以色列的外交政策⑤，并且坚决支持伊朗核计划的继续实施⑥，这就更加增添了美国的担忧和不安。

---

① 参见 Sam Roe，“An atomic threat made in America”，*Chicago Tribune*，January 28，2007，http：//www. chicagotribune. com/news/nationworld/chi-061209atoms-day1-story，0，2034260. htmlstory。

② 美国还于 1967 年通过国际原子能机构向伊朗提供了一台 5 兆瓦的研究型反应堆以及一定数量的浓缩铀和钚。参见“Contract between the International Atomic Energy Agency，Iran and the United States of America for the transfer of Enriched Uranium and Plutonium for a Research Reactor in Iran”，IAEA，7 June 1967。伊朗也于 1968 年签署、并于 1970 年批准了“核不扩散条约”，将其核计划置于 IAEA 的监督之下。参见 Semira N. Nikou，“Timeline of Iran's Nuclear Activities”，The Iran Primer，United States Institute of Peace。

③ “Correspondence Between the President of the Atomic Energy Organization of Iran and the Director General”，*IAEA Information Circular*，September 1984.

④ Mohammad Sahimi，“Iran's Nuclear Program. Part I：Its History”，2 October 2003，http //www. payvand. com/news/03/oct/1015. html.

⑤ 如宣称以色列应当从地图上抹去等，参见 George W. Bush，*Decision Points*，New York：Crown Publishers，p. 389。

⑥ Hussein D. Hassan，“Iran：Profile of President Mahmoud Ahmadinejad”，*CRS Report for Congress*，July 9，2008.

一时间，有关伊朗核问题的种种传言甚嚣尘上，甚至出现了美国要对伊朗动武的揣测。美国为何至今仍未采取武力解决的极端方式呢？通过对相关美国国家情报评估的简单分析，就可以看出其中的一些端倪。

1974 年 8 月的特别国家情报评估“未来核武器扩散展望”[①]，就是有关伊朗核问题的看法和评论。这份特别国家情报评估认为，包括伊朗在内的六个所谓“核候选国”，至少需要十年的时间（至 1984 年）才能执行其核武器发展计划，但巴基斯坦和伊朗却是其中愿望最为强烈的国家。虽然伊朗公开宣称其核意图完全处于计划阶段，但是在印度 1974 年 5 月成功核试验的背景之下，伊朗国王的野心可能促使伊朗谋求核武器。可见，该评估并未流露出对伊朗核计划的过分担心，也不认为当时伊朗的核计划短期内会出现失控脱轨的局面，美国要做的只是关注并压制伊朗国王的“野心”和欲望即可。当然，那时伊朗与美国的关系还十分密切，由美国一手扶持上台的巴列维政权更不会对美国藏有二心。

1985 年 9 月，一份题为“核扩散动态：动机与限制平衡”的美国国家情报委员会（NIC）报告[②]，将伊朗看作潜在的“核扩散威胁”，宣称德黑兰“对开发能够最终生产出可用于（核）武器裂变材料的设施感兴趣。”然而，报告却补充说明伊朗“至少需要十年的时间”才能如此。可见，尽管 1979 年伊朗伊斯兰革命之后美伊关系跌至谷底，美国对伊朗核计划的评估并未发生质的改变，并不认为伊朗核计划对美国国家利益构成直接而紧迫的威胁。

与上述情报评估不同，2005 年的国家情报评估的主要结论却是，伊朗距离制造出足够的高浓缩铀并进而制造出核武器的时间大

---

① “Prospects for Future Proliferation of Nuclear Weapons”, *SNIE* 4 – 1 – 74, August 1974.

② “The Dynamics of Nuclear Proliferation: Balance of Incentives and Constraints”, National Intelligence Council, September 1985.

约为10年[①]。然而，上述国家情报评估却并未明确伊朗是否拥有能够在可运转核设施中使用铀的技术。该评估宣称，伊朗正在进行作为其核计划一部分的秘密活动，但却无法得知此类活动是否针对核武器开发。评估还指出，伊朗正在获取可能转化为核弹制造的技术，但却不能确定伊朗统治者是否决定建设核武库。评估同时又肯定伊朗“不顾其国际义务和国际压力而决心发展核武器”，但其决心并非“不可动摇”，并且不大可能在“下一个十年的早中期之前”制造出来，如果进步迅速的话，伊朗可能在2009年生产出足够的裂变材料[②]。可见，尽管小布什总统不断声明，不排除包括军事打击在内的任何方式解决伊朗核问题，该评估却并未支持小布什政府的看法，即断言伊朗正致力于开发并部署核武器，而且此种部署可能比10年或5年来得更快。

三、2007年之后的国家情报评估

2007年11月的国家情报评估“伊朗：核意图和核能力”[③]，是内贾德担任伊朗总统之后，美国就伊朗核问题所做的一份极为重要的国家情报评估，也许还是最有争议的一份相关国家情报评估。该评估对伊朗核计划的现状和未来十年的前景进行了综合评价，承认十年的期限可能更便于进行有关伊朗核能力而非核意图的评估，描述了推动和阻碍伊朗核计划进展的关键性因素。评估主要关注了五个方面的问题：伊朗发展核武器的意图何在？影响伊朗关于是否发展核武器决策的国内因素是什么？影响伊朗关于是否发展核武器决策的国外因素是什么？伊朗有关发展核武器的潜在行动范围以及主

---

① 参见“US Confrontation with Iran”, *History Commons*, http://www.historycommons.org/timeline.jsp?iran_specific_cases_and_issues=us_plans_to_use_military_force_against_iran_2007_nie_on_iran&timeline=us_plans_to_use_military_force_against_iran。

② “Key Difference Between the Key Judgments of This Estimate on Iran's Nuclear Program and the May 2005 Assessment”, *National Intelligence Estimate*, November 2007.

③ “Iran: Nuclear Intentions and Capabilities”, *National Intelligence Estimate*, November 2007.

导伊朗选择某种行为的决定性因素是什么？伊朗现行和未来发展核武器的能力以及伊朗的瓶颈（软肋）是什么？评估并未断言伊朗意图获取核武器，而只是对评估伊朗获取核武器能力和意图（或者无意图）情报的审视，全面考虑了伊朗（军民）两用铀燃料循环和至少部分属于民用性质的相关核活动。

评估的开篇就是，“我们高度肯定，2003 年秋季德黑兰终止了其核武器计划”。这句一石激起千层浪的断言，使得美国情报界与以色列同行之间产生了分歧，后者相信伊朗 2003 年只是暂停过其核武器计划而且迅速加以重启①。此外，以色列并非唯一坚持这一看法的国家，英国的《每日电讯》也曾发表题为“伊朗在核计划上‘欺骗’了中央情报局”的文章，回应美国的此份国家情报评估。文章称，英国情报首脑们十分怀疑伊朗封存了其核武器计划②。然而，记者和外交精英们的理解可能有断章取义之嫌，因为评估紧接着就“基本肯定德黑兰至少保留了继续发展核武器的选择”，而伊朗宣布终止其核计划的行为只是“对国际社会日益增加的监督和压力的直接反应”，评估还补充说明“并不知晓它（伊朗）现在是否意图发展核武器”。值得注意的是，评估还在脚注中特别说明，所谓“核武器计划”是指“伊朗的核武器设计和武器化工作，以及隐蔽的铀转化和铀浓缩相关工作。”从而将对伊朗核问题的情报评估局限于纯武器领域，一定程度上忽视了民用核技术和核设施转化为军用的可能性。

或许伊朗确实成功欺骗了美国情报界，或许美国情报界汲取了 2002 年对伊拉克大规模杀伤性武器情报评估的深刻教训。不应忘记

① Maj. -Gen. Aharon Ze’evi Farkash，“The U. S. National Intelligence Estimate on Iran and Its Aftermath：A Roundtable of Israeli Experts”，No. 562 March-April 2008，Jerusalem Center for Public Affairs，http：//jcpa. org/article/the-u-s-national-intelligence-estimate-on-iran-and-its-aftermath-a-roundtable-of-israeli-experts-3/.

② Tim Shipman，Philip Sherwell and Carolynne Wheeler，“Iran‘hoodwinked’CIA over nuclear plans”，*The Telegraph*，9 December 2007，available at：http：//www. telegraph. co. uk/news/worldnews/1572019/Iran-hoodwinked-CIA-over-nuclear-plans. html.

的是，情报评估最难之处就是如同哥德巴赫猜想一般的所谓意图评估，让人不禁想起美国前任国防部长拉姆斯菲尔德绕口令一般的经典语录，“有已经知道所知道的；有我们知道我们知道的。我们还知道有已经知道所不知道的；即我们知道有些我们不知道的。但是还有不知道所不知道的，即那些我们不知道我们不知道的。”①

关于伊朗核问题最近的一份国家情报评估，是在奥巴马担任美国总统之后开始着手的。虽然并未如同2007年国家情报评估一样公之于众，但并不妨碍对其进行符合逻辑的分析和推测。按照美国情报界的惯例，国家情报总监詹姆斯·R. 克莱伯已经于2012年1月31日的参众两院情报委员会上，就这份评估的关键性判断在其“年度全球威胁评估”（Annual Worldwide Threat Assessment）中进行了实质性陈述②。该评估继续认为，“如果愿意的话，伊朗通过开发完善其武器生产的不同核能力，继续保留开发核武器的选择。”“但是我们并不知晓伊朗是否会最终决定建造核武器。”其含义是，美国情报界相信，伊朗的秘密核武器工作仍然处于停滞之中，但是只要伊朗决心开始就能立刻得以重启，而且一旦重启美国就可能无从知晓。评估还声称，“伊朗的技术进步，尤其是铀浓缩方面的进步，强化了我们的相关评估，即伊朗拥有最终生产核武器的科学、技术和工业能力，问题的关键是如此做的决心。”而且“这些进步使我们认定，伊朗从技术上说可以生产出足够制造核武器的高浓缩铀，只要它选择如此去做。”

四、小布什政府放弃对伊军事打击

2007年伊核问题国家情报评估出台之前，“加强遏制”是美国

---

① Secretary of Defense Donald Rumsfeld, “DoD News Briefing”, 12 February 2002, http://www.defense.gov/transcripts/transcript.aspx?transcriptid=2636.

② Director of National Intelligence, James R. Clapper, “Unclassified Statement for the Record on the Worldwide Threat Assessment of the US Intelligence Community for the Senate Select Committee on Intelligence”, January 31, 2012.

对伊朗的基本政策。在遏制不断升级的背景之下，小布什政府完全可以简单地从“遏制”走向“战争”，甚至可能准备好了进行各种战争的预案和计划①。为何这种遏制，未能如2003年美国针对伊拉克那样，转变为战争决策呢？问题的关键，还要回到有关国家情报评估上来。

尽管偶尔出现过一定的波动和反复，有关伊朗核问题的相关国家情报评估，却坚守住了不授人以柄的底线。尤为值得称赞的是，2007年的那份重要国家情报评估，更是顶住了巨大的国际、国内政治压力，并未盲目迎合重要外交决策者自身的特殊“诉求”，在千钧一发的关键时刻，坚持了美国情报与外交决策关系中应有的“谨慎”和客观，维护了美国情报应有的职业操守。正是由于该评估“高度肯定”伊朗2003年以来已经终止其核武器计划，才有效阻断了小布什政府的战争逻辑。首先，既然没有所谓的伊朗核武器计划，也就不存在军事打击伊朗的充分理由，使得单方面打击伊朗核目标的可能性彻底丧失；其次，如果伊朗并未涉及所谓核武器生产，那么以动摇甚至推翻伊朗政权为目标的广泛空袭也就失去了基础；最后，既然评估认为伊朗在2010—2015之前都无法拥有核武器，军事打击伊朗核设施甚至全面进攻伊朗的打算也就显得不那么迫切。

此外，一份近期提交白宫的美国国家情报评估报告②，还描绘了一幅前景惨淡的伊朗核图画，暗示专门制造核弹头的伊朗“军团”取得了“显著进展”。报告称，伊朗近期在科姆附近的佛尔多地下核设施中安装了5000台“双离心机”，意味着该设施将很快成为所谓的“免疫地带”。换句话说，德黑兰将很快到达“临界点”，其核计划在此之后将不再容易遭受军事打击，有关军事打击的讨论也就失

① 参见 Michel Chossudovsky，“Bush Administration War Plans directed against Iran”，*Global Research*，September 16，2007。

② Ronen Bergman，“NIE：Iran approaching immunity zone”，10 August 2012，http：//www.ynetnews.com/articles/0，7340，L-4266931，00.html.

去了意义。

现在的问题是，从美国基本结束伊拉克战争以来，以小布什和奥巴马为首的美国政府又是如何思考针对伊朗的外交决策呢？

当内贾德宣布将继续铀转化活动用于民用核计划时，包括小布什在内的整个世界都认为，他其实是迈出了通向“铀浓缩制造核武器”的关键性一步。美国政府认为，如果伊朗拥有核武器，那么这个宗教国家将统治整个中东，进而讹诈整个世界，或者将核武器技术传授给恐怖分子代理人，或者使用核弹直接将以色列从地图上抹去，等等。美国的底线当然是：绝不允许出现一个拥有核武器的伊朗。小布什“面临一个重大的决策时刻”，他决定从两个方面考虑如何应对，即“一是评估伊朗核弹进展；二是追踪（伊朗）改革派带来变化的可能。”在他眼中，“民主面临抉择：是放弃投降还是展开攻势。”[①] 后者是指胡萝卜加大棒的多边外交努力。当然，对于已经连续发动两场战争的小布什政府而言，军事打击伊朗核设施自然也是可以考虑的应对措施之一，甚至可以说是干掉萨达姆之后的顺手牵羊之举。也就是说，桌面上必须摆满所有可能的方案，但军事打击可能是最后的选择。

就在对伊外交决策的关键时刻，美国情报界提交了一份专门针对伊朗核计划的国家情报评估，即上文所述的那份 2007 年国家情报评估。小布什对评估开篇那句振聋发聩的判断目瞪口呆，他很快就在 2008 年 1 月的中东之行中明确表达了对这份评估的真实想法。他在会见沙特国王阿卜杜拉时说，“我相信你们每一个人都肯定认为是我撰写的那份国家情报评估，作为避免对伊朗采取行动的一种手段。”尽管当时在座的与会人员均一言不发，小布什还是继续解释道，“你们必须理解我们的制度，国家情报评估是由我们的情报界独立完成的，我和你们一样对它（国家情报评估）感到愤怒。”[②] 这段话充分表明了三点：一是小布什对 2007 年那份国家情报评估十分不

① George W. Bush, *Decision Points*, New York: Crown Publishers, p. 390.

② George W. Bush, *Decision Points*, New York: Crown Publishers, p. 391.

满；二是小布什为丧失对伊动武借口“有苦说不出”的恼羞成怒；三是在制度面前，位高如总统的小布什也只能望“情”兴叹。参议院外交委员会主席约瑟夫·拜登，就谴责小布什在伊朗核问题上故意误导美国民众，他还警告小布什不要未经国会批准擅自对伊朗动武，否则他将向国会提起对小布什的弹劾①。

可见，2007年的那份国家情报评估，不论预测的结果如何，其始终追求并恪守情报应有的客观和公正，以2002年伊拉克大规模杀伤性武器国家情报评估为前车之鉴，为阻止小布什政府再次借“情”发挥做出了重要贡献。不论各界对2007年美国国家情报评估的看法如何不同，也不论小布什总统的讲话如何强硬，最终的事实却是，它如同一瓢冷水浇灭了小布什心中那团一直默默燃烧着的战火，恰好成为其口口声声宣称的“阻止第三次世界大战”的灵丹妙药，它有效地防止了以小布什总统为首的美国政府，在对伊（朗）外交决策中故伎重演。

继小布什之后上任的奥巴马，显然意图树立一种与前任有别的外交形象，也能充分认识美国情报对外交决策的重要性，这一点从有关伊朗核问题的国家情报评估几经延迟就可见一斑②。奥巴马的诸多公开声明表明，他试图延续一种稍加变化的对伊双重遏制政策，既寻求战术上的接触，又保持逐步加压的制裁③。与前任不同的是，奥巴马或许会采取更为积极、与伊朗双边对话的接触政策。在可以预见的将来，奥巴马政府应该不会采取对伊动武的极端决策。

最后，仍然可以用“情报—决策”流程示意图，来简单描述

---

① 参见“Senator Biden Warns Bush of Impeachment If US Attacks Iran”，http：//www.historycommons.org/timeline.jsp? iran_ specific_ cases_ and_ issues = us_ plans_ to_ use_ military_ force_ against_ iran_ 2007_ nie_ on_ iran&timeline = us_ plans_ to_ use_ military_ force_ against_ iran。

② 参见 Philip Giraldi，“The Iran Report”，*Anti-war.com*，October 14，2010，http：//original.antiwar.com/giraldi/2010/10/13/the-iran-report/。

③ 参见 Maseh Zarif，“U.S. Policy Toward Iran's Nuclear Program”，Iran Tracker，July 21，2009，http：//www.irantracker.org/us-policy/us-policy-toward-irans-nuclear-program。

2007 年国家情报评估阻止美国对伊朗战争决策的基本过程。

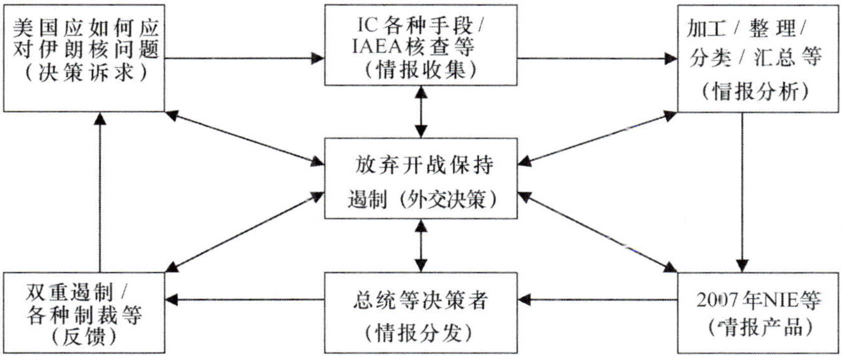

图 4　伊朗核问题国家情报评估与美国放弃对伊战争决策示意图

第六章　总论

美国情报与外交决策之间的关系，尽管错综复杂，却也有规可循；尽管众说纷纭，却也殊途同归。

错综复杂是指，情报界与外交决策层本身就人员众多、组织庞大、关系盘根错节；有规可循是指，长期以来关于美国情报与外交决策关系的争论，一直聚焦于情报分析人员和外交决策者之间的关系之上。自从美国“情报界”建立以来①，诸多证据表明，美国情报容易被外交决策挟持操控，或者被直接打入冷宫。

众说纷纭是指，美国学界有关美国情报与外交决策关系认知的主流观点，大致可分为三种主要流派；殊途同归是指，不论何种流派和观点，其最终归宿均是美国情报与外交决策之间良好关系的建立以及“美国至上”国家利益的实现。当然，或许还有一些其他学者提出过略微不同的看法，也不过是以上三种理论的微调和折衷。不论是“保持距离”，或是“谨慎接触”，还是“亲密贴近”，美国情报存在的价值始终是，通过服务于美国外交决策最终实现美国国家利益的最大化，这也是美国情报与外交决策关系的宗旨所在。

美国情报界与外交决策层都越来越认识到：没有情报支撑的外交决策如同无水之源，无法流长；而没有外交决策指导的情报则如同无本之木，无法存活。正如哈里·豪·兰森所说，“在事关国家决策方面，没有什么比情报与政策（决策），或者更广意义上说知识与

① Intelligence Community，简称IC，其概念首次在沃特·史密斯（中央情报主任）任上使用并沿用至今。参见 Michael Warner，McDonald J. Kenneth，*US Intelligence Community Reform Studies Since* 1947，Washington，DC：Center for the Study of Intelligence，April 2005，p. iii。

行动，更加重要的事情。”[①] 他还进一步指出，“对情报的追求，就是对决策或行动所要求的信息的追求。”[②] 问题的关键是，如何正确认识和处理二者之间的关系，以及如何避免情报政治化和政治化的情报。

第一节　殊途同归的流派和“谨慎贴近”的观点

就美国情报与外交决策的关系而言，无论是坚持情报应“保持一种严格的中立而不与决策直接互动”的“保持距离”传统派，还是认为情报应“主动接触决策但要保持一定警惕”的“谨慎接触”改良派，以及相信情报应“完全参与决策过程并建立相应回馈机制”的“亲密贴近”激进派，还有思考情报与决策之间应采取一种更为折衷关系的其他学者，都能认识到美国情报在外交决策中的重要性，都希望通过自己的理论探讨和实践来避免情报功能的某种缺失，从而最大限度地发挥美国情报服务于外交决策、进而服务于美国国家利益的功能。

然而，美国情报与外交决策关系的底线应该划在何处，恐怕是一个需要长期探讨且未必能彻底解决的问题。就美国情报与外交决策关系的现状而言，外交决策者可能更应时刻提醒自身严于律己，避免经意和不经意的红线跨越，导致美国情报与外交决策之间关系的失衡，进而导致美国外交决策、尤其是重大外交决策的偏差甚至失误。

一般而言，藉由提供情报而企图影响外交决策过程是可以被接受的，而且这种影响也常常是非正式的；但是，试图通过操纵情报而使外交决策者作出某种倾向性的选择，不论始作俑者来自情报和

① Harry Howe Ransom, *The Intelligence Establishment*, Cambridge: Harvard University Press, 1970, p. 3.

② ibid., p. 8.

外交决策的哪一方，都是不应被接受和允许的。通常的情形是，外交决策者可能在不知不觉中就已经越过了红线，从而影响情报的方方面面；相反，情报越界影响外交决策的障碍则更多更大，因而影响外交决策的机会也就相对较少较小。从某种意义上来说，外交决策者永远是那个手拿尚方宝剑的人，而情报只能在某些特殊时刻（如国家危机等）或许才会偶尔突围成功，发挥其对外交决策正常而积极的支援作用。然而，在大多数情况下，情报还是难免被外交决策者人为阻断其对决策原本的支援渠道，从而导致外交决策不应面临的困难。其实，越是外交决策的关键时刻，越应注重情报与决策之间的良好互动。

当然，服务于美国外交决策的美国情报，按照美国外交决策主要类型的不同，可能采取针对性不同的关系处理方式。事关美国对外战争决策的情报服务，要求更加独立且“保持距离”的客观情报；事关美国外交战略决策的情报服务，则应该更加倾向于富有远见且“谨慎接触”的宏观情报；涉及美国对外危机决策的情报服务，则更应注重及时合适且“亲密贴近”的微观情报；而涉及美国常态外交决策的情报服务，则更为看重按部就班且“中规中矩”的日常情报。

需要特别说明的是，美国情报只有在服务于外交决策时方能彰显其存在的合理性。换句话说，即使完全没有情报的支援，美国的外交决策依然存在，并且必须被按时作出和执行。用辩证法的观点来看就是，外交决策是绝对的，而美国情报则是相对的。从此种意义上讲，外交决策又是美国情报的“衣食父母”。美国情报注重练好自身内功的同时，还应把握好自身定位，千万不可滋生越俎代庖、僭越己位的杂念。

情报首先是坚持客观并保持距离，其次是进行有条件的谨慎接触，然后是力争最大限度的谨慎贴近，最后是防止过度亲密而导致情报政治化。这样，美国情报与外交决策之间采取一种“谨慎贴近”的方式或许更为合理。贴近是为了更好、更现实地服务于美国外交决策的需要，即充分考虑总统以及其他主要决策者人的因素；谨慎是为了防止美国情报与外交决策之间的红线跨越，即情报政治化问题。二者缺一不可，贴近是美国情报服务外交决策的必然要求，谨慎是保障美国情报与外交决策关系相对平衡的必要条件。应该看到，“谨慎贴近”与其他三派观点本质上殊途同归，“殊途”于观察美国情报服务外交决策的侧重点不同，“同归”于建立美国情报与外交决策之间的良好关系并进而服务于“美国至上”的国家利益。“谨慎贴近”是对三派观点的扬弃。它吸收了“保持距离”和“谨慎接触”派重视情报客观性的优点，同时注意到了两派在美国情报服务外交决策方面针对性和及时性的不足；它吸收了“亲密贴近”派强调情报针对性和及时性的优点，同时发现了该派在美国情报服务外交决策方面客观性的欠缺。从站位的角度来看，可以说“保持距离”站在美国情报与外交决策关系的最左边，“谨慎接触”站在中间偏右，“亲密贴近”站在最右边，而“谨慎贴近”则站在居中的位置。最后，可以用表 1 对第一章相关表格加以补充和完善。

表 1 美国情报与外交决策关系认知“殊途同归”表

属性 / 派别	殊途				同归
	针对性	客观性	及时性	站位	
保持距离	一般	极强	一般	最左	建立良好关系进而实现美国家利益
谨慎接触	较强	较强	一般	偏右	
亲密贴近	极强	一般	极强	最右	
谨慎贴近	极强	较强	极强	居中	

第二节 制度设计与战略规划的意义

自从美利坚合众国诞生以来，美国政治体制的奠基人和设计者就不断完善其制度建设，而法制建设又成为包括情报与外交决策在内的美国治国之道的重要基础工程。就美国情报与外交决策关系研究而言，从《美国宪法》到《情报改革和恐怖主义预防法》等，都从不同的层面进行了程度不等的设计与安排。只有在充分了解和掌握相关法律规定及其衍生设计的前提下，才能真正做到对美国情报与外交决策之间的关系心中有数，进而深入到美国情报与外交决策关系研究的核心所在。可以毫不夸张地说，这些相关法律、法规等的思考与设计，是美国情报与外交决策一切现行体制与行为的源泉。

《美国宪法》尽管将有关外事诉讼的审理权划归了司法分支①，却将最为关键的其他外交权力授予了作为行政分支首脑的总统和立法分支的国会，而其中总统所占的“份额”明显较大。宪法这样的制度性安排决定了美国外交领域的权力斗争主要在总统与国会之间进行，国会注定是总统主导外交决策的有力挑战者。而国会对外交决策的制约和监督也成为美国外交的重要特点之一。每一位国会议员看似微不足道的一票，对总统推行其外交政策以及作出重大外交决策而言，却举足轻重。这也是白宫成立“国会联络办公室”的原因之一②，并且恰好反映出当初宪法制定者们分权制衡的设计得到了充分的实践。难怪宪法学者埃德温·科尔文，在读破万卷之后曾经悲观地总结道，宪法“是一份邀请各方争夺主导美国外交政策的请柬”③。虽然随着美国参与国际事务的范围越来越广、程度越来越深，美国外交日益成为国会与总统争执的热点，总统与国会之间的明争暗夺也常常因人、因事、因时而不断变化，但总的发展趋势仍然是：国会发挥幕后监督制约的威慑作用，总统继续在前台主导实际外交决策机制的运行。

通过研读美国重要的相关法律规定，站在法律和法制的高度上审视美国情报与外交决策之间的关系，不仅十分可行，而且非常必要。《美国法典》如同美国情报与外交决策关系研究的百科全书，足以供“美国情报服务外交决策”的研究者沙里淘金、见微知著。

---

① 参见《美国宪法》第三条。

② 参见 http：//www. answers. com/topic/office-of-congressional-relations。

③ Edwin Corwin，*The President*：*Office and Powers*，New York：New York University Press，1940，p. 200.

《国家安全法》好比美国情报服务外交决策的行动指南，搭建了美国情报服务外交决策的核心组织架构，奠定了美国情报服务外交决策的现行机制。研究者需要以一种常读常新的心态，随时反刍消化其法律思想，探求美国情报服务外交决策的重要法律根源。《国家安全法》的重要修订，犹如美国情报服务外交决策行动指南的不断升级，随时根据美国情报服务外交决策的经验教训，调整服务的内容和服务的方式。研究者可通过及时跟踪这部重要法律的修订和改动，认真研读其细致入微、常修常新的原因和效果。

总之，从高于一切、明确美国情报服务外交决策基本定位的《美国宪法》，到细致入微、奠定美国情报与外交决策互动平台机制的《国家安全法》，从具有法律效力、指导情报服务外交决策的总统行政命令，到需要具体分析、协助情报服务外交决策的国防部命令，针对美国情报与外交决策互动的诸多方面，美国政治制度的设计者进行了宏观到微观、一般到个别的制度安排和理念设计。从开启遏制之门并催生《国家安全法》的“杜鲁门主义”，到倡导先发制人并大力改组情报界的“布什主义”，从高屋建瓴规划美国情报服务外交决策的美国国家安全战略报告，到具体落实美国情报服务外交决策整改措施的美国情报界整合“百日（五百日）规划”，针对美国情报服务外交决策的方方面面，美国统治者、尤其是外交决策层进行了宏观的战略思考和规划设计。

只有站在宪法和法律的高度审视美国情报与外交决策的关系，才能在制度设计中触摸到一切貌似复杂实则简单的脉动。如果说美国情报与外交决策研究不过是美国政治长河中的一条小溪，那么《美国宪法》和其他相关法律就是这条长河的源头。只有深入解析依据法律制定的相关行政规定，才能在法制框架内真正掌握美国情报服务外交决策的运作机制。只有深刻剖析形形色色的总统“主义”以及五花八门的总统指令，才能切实把握总统主导下美国情报服务外交决策的总方针。只有认真分析各种相关战略的“真”与“理”，才能避免美国情报与外交决策关系研究方向的迷失。

第三节　平台模式的挑战和机遇

美国政治过程的演变，形成了“总统主导的国家安全委员会”外交决策平台和模式，对美国情报与外交决策之间的关系提出了新的挑战，也提供了新的机遇。

新的挑战主要体现在两个方面。一是总统的主导往往容易导致人的因素渗透到情报与决策流程的各个环节，尤其是把美国外交决策作为一个整体放入情报流程之中考虑时更是如此。没有弗雷斯塔尔对凯南的认同和赏识，以及杜鲁门对战后国际形势的总体把握，或许八万字的外交电报也并不一定导致遏制战略的形成和发展；没有肯尼迪对图像情报的高度认可，以及对“猪湾事件”教训的总结汲取，难以设想美国情报在古巴导弹危机中可以发挥如此重大的作用；没有小布什一意孤行除掉萨达姆的固执己见，美国情报也不会在服务对伊拉克战争决策中出现“情报政治化”风波；没有奥巴马区别于小布什的外交思想和理念，美国情报在对伊朗核问题的评估上很有可能重蹈伊拉克的覆辙。二是国家安全委员会的决策平台和模式，又为国家安全顾问及其工作班子施展才能提供了广阔而重要的政治舞台。如果说国家安全委员会是美国情报与外交决策的中介平台，那么国家安全顾问就是转动这一平台的重要引擎。在一定程度上而言，他或许是美国情报能否真正实现“报之上官”的重要枢纽。比如，邦迪和基辛格时期的国家安全委员会就几乎切断了下情上达的渠道，使自身变成了美国情报界的代言人，甚至成为美国情报的生产者。

新的机遇也主要表现为两个方面。一是为美国情报服务外交决策指明了更为明确的方向。既然美国情报与外交决策互动的重要平台，是总统主导的国家安全委员会，那么美国情报就可以从积极影响这一平台、尤其是总统着手，进而充分发挥对符合美国国家利益外交决策的支撑功能。二是为美国情报更好服务外交决策提供了行之有效的途径。国家情报总监（中央情报主任）作为国家安全委员会的情报顾问和国家情报委员会的重要成员，完全可以从提升自身顾问能力着手，在合理定位自身角色的基础上，积极协调美国情报与外交决策之间的关系，进而充分体现和实现美国情报对外交决策及时有效的服务。

第四节 案例研究的启示和借鉴

从凯南“八千字电报”到对苏遏制外交决策的过程中，美国政府的各个机构，尤其是外交决策机构与情报机构，都履行了各自的职责、发挥了应有的作用、做出了自己的贡献并取得了良好的效果。美国财政部（外围机关）起到了抛砖引玉的作用；国务院（外交机关）发挥了主导进程的作用；中央情报局（情报机关）起到了协助执行的作用；NSC－68（准国家安全战略）发挥了承上启下的作用，向上为“杜鲁门主义”（总统的“主义”）奠定了基础，向下为遏制战略（最终外交决策）的具体实施明确了方向，同时为遏制战略的调整充当信息反馈的角色；而杜鲁门总统则扮演了“遏制战略”这一历史性外交决策总导演的角色。尤为关键的是，作为情报分析人员的凯南，既能适时理解当时美国外交决策的基本诉求，又能适当保持情报分析的独立性，还能适量考虑外交战略决策情报需求的长远性，充分利用自身长期对苏联情况的跟踪和熟悉以及善于综合分析的特长，为美国作出贯穿四十余年冷战的“遏制”战略决策，作出了不可磨灭的贡献。

从苏联进攻性导弹在古巴被发现，到危机最终得以和平解决，以肯尼迪总统为首的美国外交决策层——“执行委员会”——充分利用美国情报、特别是图像情报的强大实力，及时发现了危机可能爆发的苗头。在随后的外交决策过程中，决策层也能充分尊重情报界所提供的各种情报评估，果断而不武断地采取了灵活而不失威慑的海上“隔离”决策，占据了解决危机的主动，并为危机的最终和平解决奠定了基础。可以说，古巴导弹危机中美国情报和外交决策的互动，尽管存在不足之处，更多的却是可圈可点。而危机以对美国较为有利的方式得以解决，更是让背负猪湾事件沉重包袱的肯尼迪总统与美国情报界得以扬眉吐气，重塑建立美国情报和外交决策良好关系的信心。然而，古巴导弹危机的经验教训并未被后任美国总统完全汲取。比如，约翰逊和小布什就未能遵从外交决策以可靠情报为依据、步步为营推进的原则，没有进行换位思考并给对手以回旋的余地，最终导致冲突双方都只能采取最为极端的方式，一个陷进越南丛林的泥潭，一个卷入中东沙漠的风暴。

从寻求伊拉克大规模杀伤性武器到伊拉克战争的发动，以小布什为首的美国政府导演了一出向伊拉克进军的大片。以沃尔福威茨为代表的新保守派就是四处寻求赞助的导演兼制片人，聚拢在沃氏设计的“布什主义”反恐大旗之下，不择手段地搜寻一切有助于伊拉克战争大片开机的“有力”情报。而臭名昭著的“特别计划办公室”就是摄制组，随时协调捕捉伊拉克大规模杀伤性武器的蛛丝马迹。他们无视拥有近半个世纪历史积淀的美国情报界的情报评估，亲自炮制适合自身需求的“独家”情报。而美国情报界也未能完全发挥其应有的功能，及时出台明确可信、判断清楚的情报评估，2002 年有关伊拉克大规模杀伤性武器的国家情报评估反而授人以柄，被间接利用作为伊拉克战争大片开机的筹码。伊拉克战争大片的顺利制作与上演，不能不说是美国情报与外交决策互动的反面典型，也成为美国情报与外交决策史上的一块伤疤，更是为美国情报留下了挥之不去的阴影。它再次证明，如果无法正确把握美国情报与外交决策之间的微妙平衡，最后遭受伤害的仍然是美国情报与外交决策本身。

同为美伊外交决策，与伊拉克战争决策完全不同的是，从伊朗核问题 2007 年国家情报评估，到美国放弃对伊朗动武，美国情报不越红线、公正客观服务外交决策的职业操守为后来者树立了典范。美国情报清醒地保持了与外交决策之间的恰当距离，敢于“冒天下之大不韪”，及时出台出乎众人预料的客观情报评估，并第一时间公布了解密的版本，澄清了包括美国政府在内的国际社会对伊朗核问题的模糊认识，让刚刚成功导演伊拉克战争大片的小布什政府，也只能望“情”兴叹和望“情”莫及。除了尊重评估的权威性、客观性和严肃性之外，小布什也只能在其回忆录中哀叹其当时的恼羞成怒了。

或许其他角色都有可能随时变更，唯独总统的这一角色不会改变，而这正是美国情报与外交决策关系的特色所在。当所有的信息（情报）通过美国庞大的官僚体制层层过滤之后到达那个需要最终做出决定的人手上时，他那无与伦比的权力让他时而如履薄冰，时而一马平川，时而如鲠在喉，时而如释重负。不论他的决定将使他本人名垂青史还是遗臭万年，将使美国这艘巨轮平安靠岸还是触礁搁浅，他都必须承担起宪法赋予的权力和义务，愿意还是不愿意地扮演并且演好美国情报服务外交决策引路人的角色。也正因如此，他才必须善待美国情报的方方面面，并且努力倡导和引导一种美国情报与外交决策之间的和谐关系。也就是说，美国情报与外交决策应当拥有统一的目标追求，即追求“美国至上”国家利益的最大化；同时，美国情报与外交决策之间应当巩固并发展一种密切的关系，但应注意在分清各自责任的基础之上各司其职、各尽其责，避免不必要的责任推诿和政治化倾向。

此外，上述案例研究对我国顺利“崛起”并实现“中国梦”启示良多。

全面深刻的凯南“八千字电报”评估与对苏遏制战略的形成和发展，就与战略决策相关，我国“崛起”之路上对美国、甚至对印度和日本战略决策时值得认真考量。一是“凯南式”战略情报分析人员的发现和培养，正是军事院校教育之意义所在；二是适合我国“崛起”长远战略决策的形成和发展，正是实现“中国梦”关键之所在；三是针对重点国家和方向的战略考量，正是少走“崛起”弯路之重点所在。例如，对美国应当进行中远期战略情报评估，要从长远的大战略着想，可考虑“边缘蚕食”战略，即“要吃掉汉堡必须找准下口之处从边缘咬起”，类似于中国革命时期的“农村包围城市”，只不过当年是争夺政权、你死我活的博弈，如今是争夺市场资源、更为隐蔽的博弈；对日本应当采取针对性情报评估，要从现实热点出发，特别注重岛礁争夺的情报支援，兼顾中近期应对策略，可考虑“接触威慑”战略，一方面维持接触以观后效，另一方面不断亮剑示强逼其妥协就范；对印度应当注意常态化情报评估，要站在边界争端之上的高度谋全局，可考虑“准遏制”战略，不必纠缠于一兵一卒、一草一木的简单得失和好勇斗狠，但要保持寸土必争的高压态势，致力于着眼长远的“拖”，不断刺激其全方位与我国盲目攀比竞赛的虚荣之心，促使其将有限的资源、尤其是人才和金融资源，用于纯军事领域，假以时日则不攻自破。

及时准确的图像情报研判与古巴导弹危机的和平解决，就与危机决策相关，我国崛起过程中“古巴式”危机决策机制的建立和完善，正是应对和化解钓鱼岛危局、中印边界争端要害之所在。这样的决策机制当然应该包括情报服务在内。目前钓鱼岛局势的发展不容乐观，一旦有事且美国介入，很有可能演变成“古巴式”危机的严重局面；中印边界貌似风平浪静、实则暗流涌动，中印两国的历史恩怨，很有可能导致争端失控进而爆发严重危机。考虑潜在危机相关三方中，两方是“有核”国家，危机爆发后果的严重性绝非危言耸听。因此，针对上述潜在危机的情报准备必须充分合理。

臆想的大规模杀伤性武器与美国对伊拉克战争的发动，就与战争决策相关，我国被迫“非和平崛起”时值得深思熟虑。“和平崛起”是我们的理想，但我们必须保持清醒的头脑，随时应对“和平崛起”中的“非和平”因素，甚至是“非和平崛起”的不利局面，并为之做好情报与决策的双重准备。

伊朗核问题国家情报评估与美国放弃对伊朗动武，就与常态决策相关，我国“和平崛起”之路上针对东南亚（越南、菲律宾等）决策时值得慎重考虑。一是我国特色国家情报的统筹生产及其在外交决策中的合理使用，正是提升情报保障外交决策能力核心之所在。二是针对东南亚各方应主要考虑“威慑”战略，同时准备军事斗争。例如，对越南要加强动向、意图和能力的及时情报评估，确保维持“高其一等”的大国姿态，可考虑“威慑拉拢”战略，一方面依据情报适时进行有力的军事威慑，打消其企图挑衅的杂念，传递“挑衅必痛击”的有力信息，另一方面根据情报适时许以经济诱惑，如搁置争议、共同开发，甚至承认主权、你先开发，以便分化其与日本、菲律宾之间可能的联盟；对菲律宾要加强重点地区的跟踪情报评估，确保情报能够支撑“大棒惩戒”战略，采取“露头就打”、“打就打疼”的方式，充分利用情报提供、甚至创造的一切机会打击其投机取巧、狐假虎威的小人心理，进而彰显“小鬼难缠、我不可犯”的大国本色。

第五节　值得进一步深思的问题

面对新的世界秩序对“美国至上”核心利益的严峻挑战，美国情报与外交决策之间良好关系的建立，还存在不少值得进一步深思和研究的问题。美国情报与外交决策过于亲密的结合，或许就是目前最为严重的问题。

一、不可逾越的红线

从小布什政府发动伊拉克战争可以看出，美国情报界的正式情报分析和情报评估，并未成为事关国家重大外交决策的重要依据。不仅如此，美国情报还被外交决策者利用，成为误导公众进行所谓“正义”战争的工具。美国情报与外交决策双方，尤其是外交决策一方，或多或少地任其发展，导致整个情报过程都存在政治化的严重问题。

不论当时的小布什政府是否存在主观故意的企图，也不论继续武器核查和经济制裁是否仍然有效，不可否认的是，小布什政府未能将正式的美国情报作为主要的外交决策依据。换句话说，美国情报并非小布什政府对伊外交决策的主要动因。或许，动摇中东地区萨达姆政权与加速该地区民主化进程的渴望，才是小布什政府决定动武的真正原因。

如果说美国情报针对伊拉克问题存在所谓倾向的话，那也是倾向于避免战争的爆发。退一步说，就算战争不可避免，也应当为战后可能出现的糟糕形势有充分的估计并做好应有的准备。关键的问题，不是战前美国情报的评估失误导致不当的外交决策；而是美国情报在如此重大的外交决策中，居然仅仅扮演了一个微不足道、被人利用的“跑龙套”角色。

美国情报与外交决策之间合适的关系，意味着两者功能的区分与互补。情报界收集信息、评估其可信度并将其与其他信息对比整合，以便尽量准确地描述可能影响美国利益的国际形势。情报官员依据外交决策者的考虑和自身的判断，决定何种主题应当获得有限的情报收集、资源分析。外交决策者可以通过影响情报机构对主题的选择，来指导情报流程，但不应直接干涉情报流程的最终产品——情报评估。同时，情报界应当将其判断局限于正在发生或可能发生的事件之内，避免加入应当如何应对的决策性判断。

然而，本该泾渭分明的此种区分，在实践中却常常变得模糊不清，尤其是当分析目标可能蕴含政策性暗示时更是如此。但是，这并非意味着上述区分可有可无。美国外交决策，尤其是重大外交决策的特点常常是，相关问题比解决方案更为清晰。伊拉克战争的案例绝非个案，它清楚说明了对某种威胁相似的看法，如何导致迥异的政策选择。因此，情报界不宜推行其正在评估的相关政策，摇旗呐喊地鼓吹政策自然更不可取。这样，坚守情报应有的道德底线，就显得至关重要和难能可贵。否则，情报就会丧失其赖以生存的可信度和客观性。这或许也是情报分析人员批评彼此之时，将“政策意向”（policy prescriptive）当作一个贬义词来用的原因。

小布什政府在伊拉克问题上对情报的使用，还不仅仅是模糊了上述区分和界限而已，而是将整个情报流程彻底地颠倒过来。它不是合理使用情报协助决策，而是利用情报使既定决策合理化。在没有要求，甚至未能参照任何战略情报评估的基础上，它就急不可耐地作出了对伊动武的决策。当然，情报界有关伊拉克大规模杀伤性武器的正式情报，的确存在一定程度上的失误，但是这些失误并不足以成为发动战争的理由。此外，情报界那份颇有争议的2002年国家情报评估，还曾判断伊拉克可能需要数年时间才能开发出核武器，并且认为萨达姆在政权处于生死存亡之时，才有可能使用大规模杀伤性武器。

小布什政府为了粉饰其伊拉克战争的正义性，不仅在利用政策高压情报方面，而且在利用情报引导舆论方面，偏离了应有的决策轨道，跨越并践踏了情报与决策之间应有的红线。当时的外交决策者不是全面衡量情报界的分析评估，而是带有倾向性地选择投其所好的情报数据。

小布什政府战前的相关公开声明，从一定程度上也能反映美国情报与外交决策之间的不正常关系。这也表明，任何时候如果是外交决策者而不是情报机构，在决定选择何种情报数据时，就更加容易出现某种偏见。或许可以说，上述公开声明只是反映了原始情报而不是情报分析和情报评估，但恰恰是后者最能决定情报原始数据的真正含义。小布什政府的外交决策者，不是在情报描绘的全景之中挖掘掩盖其下的真相，而是仅仅选择适合自身既定外交决策需求的情报。

伊拉克战争中的美国情报与外交决策关系问题，因其近在咫尺而倍受注目和批评。其实，类似的问题在越南战争“美国化”中也曾发生，只不过那一次是“东京湾事件”中约翰逊对情报未经证伪的误用。因此，有关伊拉克战争美国情报与外交决策的教训，有关如何改善二者关系从而确保未来情报的合理使用等问题，同样值得进一步探讨。

需要特别指出的是，美国对情报政治化本身，其实采取的是一种双重标准，背后那只看不见的手，还是“美国至上”的国家利益。当符合国家利益的追求之时，情报的政治化不仅是顺理成章的选择，而且是事后推卸责任、一言蔽之的最好借口。美国政府对此自然是心知肚明，而国际社会对此也是心照不宣。

二、值得考虑的建议

美国情报的功能之一，就是通过合理影响外交决策，进而促进国家利益的维护和拓展。不论情报本身的流程如何完美，如果不将外交决策纳入其中，也无法实现情报合理服务外交决策的目标。在充分认识到美国情报与外交决策之间确实已经存在裂痕的基础上，美国政府正试图采取一些切实可行的步骤加以改善，至少可以防止将来裂痕的扩大。

首先，充分发挥国会的监督和立法功能，努力从顶层设计上尽快就情报政治化问题立法明确和约束，以便划定一条情报与决策之间更为明确的红线。这样，能够在一定程度上打消驱使情报推动外交政策的“邪念”，同时给予情报界抵抗诸如此类“邪念”的勇气和信心。

其次，积极寻求更加有效的监督方式，以便及时发现和甄别美国情报与外交决策之间的不当关系。比如，考虑成立无党派之争的国会联合调查委员会或者其他形式的独立调查委员会。情报界虽然也有自身的监督体制，但仅仅依靠情报界自身的督导巡视显然于事无补。巡视官员的既定职责更多的是倾听，并将情报分析人员的抱怨汇总上报，无法站在更高的高度发现并解决问题。国会的相关常设委员会本应发挥最为重要的作用，但党派之争却又严重削弱了国会的监督功能。例如，参议院情报委员会有关伊拉克战争情报问题的调查就陷入了党派之争的泥沼；而众议院情报委员会更是对此问题视而不见。

再次，进一步强化相关法律，着力破解情报界在美国行政分支中的地位难题。出于维护自身客观性的需要，情报必须时刻注意保持与外交决策之间的距离；同时，出于积极影响外交决策的需要，情报又必须积极贴近外交决策。美国现代情报的发展史表明，情报在大部分时间里都在致力于贴近外交决策需求、引起外交决策者的关注，进而促使其合理使用情报进行外交决策。伊拉克个案的教训却表明，情报过于贴近决策，并未带来预期的关注与合理的使用，甚至在事关战争的重大决策面前，情报也未能发挥应有的积极影响，沦落到被利用和政治化的可悲境地。因此，必须寻求解决情报“组织性问题”的可行之道。《国家安全法》的最新修订就是一种有益的尝试。按照调整之后的组织架构，情报界本应在国家情报总监的领导下进一步强化自身的统一性和独立性。然而，这部因反恐紧迫需求而匆匆制定的法律[①]，对国家情报总监的授权本身就显得模糊不清。为此，美国可能会更加注重解决情报界看“他人”（总统、国防部等）脸色行事的地位问题，让情报界能够回归客观、公正生产情报产品的本分。

最后，竭力突破情报界对自身外交决策影响力的认识，即这样的影响力不仅来自白宫，而且来自国会，更是来自公众的信任度。目前看来，情报界仍然会继续保留于行政分支的组织架构之中，但可以考虑赋予其更为独立的地位，以及与其他部门更加强大的沟通能力。联邦储备银行可以作为有益的借鉴和范例，其任期较长且固定的监督委员会，以及半自治性质的组织结构，都能较好保障自身的独立性和客观性。

上述措施都是降低情报政治化以及利用情报引导舆论风险的有效途径。当然，外交决策者自身所处的地位，容易使各种举措无法直接影响其对情报的关注度。但是，公众如果更加关注外交决策与美国情报之间的分歧，就能间接促使外交决策者在第一时间里更加注重相关情报评估。

美国情报服务外交决策的历史表明，简单依靠情报界或者外交

---

① 指2004年《情报改革与恐怖主义预防法》。

决策者自身的调整和变革，并不足以修复二者之间的关系。国会、大众以及其他美国外交决策相关方，对这一问题的了解和重视，或许才是真正的解决之道。只有相关各方充分尊重美国情报的客观性和公正性，充分尊重其服务的可靠性和合理性，才能避免情报被政治绑架而被置于危险的境地。

有趣的是，尽管情报界一直在不懈努力，美国外交决策者对情报界提供的产品，却并非总是满意；同时，情报界对外交决策者误用甚至滥用其情报产品，也颇感沮丧。除去官僚机制内的共性因素之外，情报与决策本身的不同，是导致上述现象的主要原因。情报流程与决策过程、情报职业准则与决策政治使命、情报准确性与影响力之间，都或多或少存在不同甚至矛盾的方面。情报分析人员的职业标准是：生产高标准的情报评估，即忠实反映现实复杂性和不确定性，不因简单化而歪曲事实本身，同时阐明未来可能情景的多样性；而外交决策者的政治使命却是：作出决定并迅速而坚决地执行。但是，决策环境的复杂性和不确定性，却困扰着决策的方方面面，这也正是情报的用武之地。

总之，美国情报对于外交决策的重要性不言而喻，但是体现此种重要性的前提却是外交决策者对情报的合理使用。同时，情报的重要性并不等同于将其作为外交决策的第一或唯一要素。可见，有关美国情报与外交决策关系的问题，还有进一步澄清和思考的必要。

三、需要澄清的认识

虽然美国情报服务外交决策的历史表明，情报是外交决策的重要支撑，但是此种重要性却容易导致过于夸大情报在外交决策中的地位和作用。因此，对诸如此类的模糊认识，有必要进一步澄清。

首先，情报并非外交决策唯一依据。

毫无疑问，美国的情报收集和分析能力可谓举世无双。可以想象，遍布世界各地的中央情报局站点、密布太空的各种高科技侦察卫星、派驻各国的使团领馆人员，等等，每天发回的情报如潮水般从四面八方涌来。这些海量情报涵盖的范围，从搜捕恐怖大亨本·拉登，到监控朝鲜半岛核态势，可谓无所不包。各种情报经过加工分析之后，为美国外交决策者提供必要的决策信息，以便更加全面、客观和详细地考察相关决策问题。因此，小布什肯定事先知道了别人不知道的情报，才会如此鼓吹伊拉克拥有大规模杀伤性武器；奥巴马一定有了中央情报局的情报支撑，才会决定越境突袭本·拉登。的确，美国的上述外交决策，都是主要依靠某种形式的情报作出的。

然而，在一些重大外交决策中，如是否发动战争或者是否调整某项重大外交战略，情报却并非是人们想象的决定性因素。这时，真正产生决定性影响的因素是：主要外交决策者自身的世界观和战略观；他们对历史经验教训的借鉴以及个人的经历和经验；国内政治的游戏规则以及他们自身精神状态的好坏；或许还应加上文化传统等因素的影响。尼克松总统跨过太平洋历史性的握手，主要是当时美国政府对大国战略的反思，以及对所处国际政治环境的理解使然；奥巴马政府在伊朗问题上大做文章，则主要是出于国内政治斗争的需要；里根总统一直坚信“苏联注定失败”，他的直觉成为影响美国对苏政策的决定性因素，苏联解体政治巨变中的不完整情报分析，反而显得不那么重要。

其次，情报成败并不等于外交成败。

一方面，外交决策失误可能与情报并无直接关系。上文有关伊拉克战争的案例研究已经清楚地说明，在作出对伊拉克动武这一决策的过程中，真正意义上的美国情报并未扮演任何重要角色。鲍威尔在联合国宣称伊拉克制造大规模杀伤性武器的所谓可靠情报，其实就是后来沃尔福威茨所说人尽皆知的“常识”。事实上，小布什刚刚入主白宫时，美国情报界并未提交过有关伊拉克大规模杀伤性武器的任何警告。中央情报主任特内特有关全球威胁的情报综合报告中，甚至未曾提及伊拉克拥有核武器或其他生化武器的可能性[①]。虽

① 参见 http：//www.cia.gov/news-information/speeches-testimony/2001/UNCLASWWT_02072001.html。

然对伊拉克战争决策至关重要，但是白宫却并未及时要求查阅关于伊拉克非常规武器计划的情报评估。美国国会的议员们确实获得了这份报告，但却只有22名参议员声称阅读过这份报告，而且其中仅有一名能够回忆起看过全文，多数议员在“是否发动战争”投票前仅仅是走马观花地看了一眼[①]。无论是总统小布什，还是国家安全顾问赖斯，当时都没有仔细阅读过报告全文。而且，在该报告出炉之前，关于发动这场战争的公关活动早已进行得如火如荼了。其实，在伊拉克战争进行之中，情报反而出色地完成了其使命；但在作出战争决策之前，情报也确实难逃为决策挟持的命运。

另一方面，情报的失误并非一定导致外交的失败，也可以说准确的情报并不一定带来成功的外交。美国现代情报体系建立以来，有关情报成败的案例数不胜数、耳熟能详。人们会因此产生一种错觉，即美国外交的成败与情报的成败密切相关。事实远非如此，美国情报不仅成功预测了“六日战争”的爆发，而且还预测到了战争的最终结果，但这一精确的情报却未能帮助约翰逊阻止战争的爆发，让美国十分棘手的巴以问题更加恶化；相反，美国情报却未能预测到“埃（及）叙（利亚）联合突袭以色列”的重大事件，但这一失误却并不妨碍尼克松取得一系列外交上的重大成果，他不仅利用这次冲突巩固了与以色列的同盟，还与埃及及其他阿拉伯国家相继建立了友好关系。

最后，情报改革无法根除情报失误。

每当遭遇突袭的时候，美国外交决策者也会与公众一样疑惑和埋怨——情报为何无法预测并阻止悲剧的发生？美国情报也因此背负了诸多不应承担的骂名。“9·11”之后的美国情报，就成为公众舆论的众矢之的。其实，尽管在袭击发生之前未能进行准确的预报，美国情报部门却事先多次发出过相关警告。早在1999年参议院武装

---

① Manu Raju, Elana Schor, and Ilan Wurman, “Few senators read Iraq NIE report”, http://thehill.com/homenews/news/12304-few-senators-readiraq-niereport; and http://en.wikipedia.org/wiki/Iraq_ Resolution.

部队委员会上作证时，时任中央情报主任特内特就曾警告说，拉登及其盟友正计划针对美国的袭击而且袭击随时都可能发生[①]。2000年他又告诉参议院情报委员会，拉登想要进一步打击美国而且打击之前不会发出警告[②]。2001年2月的全球威胁报告中，他更是直截了当地警告，以基地组织为首的恐怖主义是美国安全的第一威胁，本·拉登及其同伙是最直接和最严重的威胁，他们有能力秘密计划发动多种多样的突然袭击[③]。事后看来，这些情报及其预警是多么正确。同样，在几乎蔓延整个阿拉伯世界的“阿拉伯之春”中，美国情报也因未能及时向外交决策者提供预测而饱受诘责，这样的指责其实缺乏对美国情报工作的深入了解。

美国政治一个常见的现象是，重大危机或事件之后，国会或行政部门一般会发起规模庞大的调查，而调查的重点几乎都会指向美国情报。或许他们以为，通过调查之后的整改，就能消除灾难性的情报失误。比如，珍珠港事件之后中央情报局的成立；“9·11”事件之后国家情报总监的设立。其实，从美国现代情报体系建立以来的多次调整中就能看出，美国情报并非拒绝整改。每一次《国家安全法》的修订，往往都意味着情报任务的调整和组织架构的变更，有时甚至用“伤筋动骨”来形容也不为过。然而，改革虽然缓和了公众对外交决策者的舆论压力，但并未完全取得预期的成效。比如，“9·11”之后设立的国家情报总监及其办公室，原本是为了更好地统筹协调整个美国情报界的工作，但却未能将情报界紧密团结起来，反而变成了高高在上的另一个情报机构。

应该看到的是，情报需要收集和分析的问题往往过于复杂，几乎无法加以模拟或预测。情报分析人员常常只能依据相对有限的信息进行评估，而紧张的事态一遇火花就有随时失控的可能，这样的

---

① 参见 http：//www. cia. gov/news-information/speeches-testimony/1999/ps020299. html。

② 参见 http：//www. cia. gov/news-information/speeches-testimony/2000/dci_ speech_ 020200. html。

③ 参见 http：//www. cia. gov/news-information/speeches-testimony/2001/UNCLASWWT_ 02072001. html。

情形远远超出了情报的可控范围。因此，任何规模的调查和改革都无法完全消除情报失误，正如贝茨所质疑的那样，“为何情报失误都不可避免?”①

① Richard K. Betts, “Analysis, War, and Decision: Why Intelligence Failures Are Inevitable”, World Politics, Vol. 31, No. 1, Oct. 1978.

结　语

美国国际政治的终极目标就是“美国至上”国家利益的最大化，可以简单地概括为三句话。其一是安全，即维护自身的安全；其二是秩序，即创建并维持一个最大限度符合美国利益的世界秩序；其三是追求，即对更加美好生活的追求。上述目标的实现离不开合理可行的外交决策指引，以及坚强有力的美国情报支撑。

美国情报对外交决策的支撑作用尽管重要，却并非独一无二。美国情报机构收集、加工和处理信息，然后通过联邦政府各个机构分发情报产品。然而，外交决策者却要依据一系列更为广泛的因素进行外交决策，包括已经拥有的情报，以及基于行动（或者不行动）成本和利益的考量，地缘政治目标、意识形态、可用资源、外交和国内政治风险等的考虑，其中的许多因素已经远远超出情报机构涉猎的范围。就算决策判断的依据主要来自情报评估，其中往往已经包含诸多其他相关的因素。在国际政治的现实世界之中，尤其是在风云变化的战后国际体系之中，外交决策所需情报的目标国家，会竭尽全力遮掩其具体实力和真实意图，使得诸多因素如同“迷雾”一般无从预测。但是，美国情报与外交决策的良性互动，正是破除此种迷雾的有效途径，也正是美国情报与外交决策关系研究的意义所在。

首先，服务于外交决策的美国情报，是与外交决策息息相关的可靠信息。而启动美国情报服务外交决策流程的先决条件就是，前者必须首先能够被后者所接受。因而，美国情报与外交决策之间关系的调整，一般总是以美国情报围绕外交决策展开而不是反之。换而言之，美国的情报工作首先要满足外交决策四个方面的主要诉求。

其一，对当前国际形势及其潜在风险的持续跟踪，避免外交决策中遭受如珍珠港和“9·11”一般的战略突袭；其二，扮演外交决策“国会图书馆”的角色，提供完备的现代化数据库检索和不断更新的专业知识储备，同时充当海量信息筛选的“信息掮客”，帮助外交决策者更好地获取和利用相关资源；其三，为外交决策者提供合适、及时和准确的情报支援；其四，确保外交决策相关信息、需求、来源以及情报手段的安全。

其次，服务于外交决策的美国情报，其主要功能是对他国（或组织）军事、政治性敌对计划发出预警，以及对相关信息进行分析研究，以便外交决策者能够通过它获取实际形势的准确描绘。因此，美国情报又可看作是对外交决策所需信息碎片的整合拼图，其意义在于竭力拼成一幅让外交决策者一目了然的世界大事图景。国家情报总监和中央情报局，则是最为重要的拼图协调者或画龙点睛者；而国家情报评估，就是最为接近真实世界的拼图草案。

再次，服务于外交决策的美国情报，不能仅仅满足于对实时问题立竿见影的功利性解答，而忽视对长期战略性问题的情报收集和分析研究。美国情报界一直努力杜绝蜕变为美国外交决策的点金棒和替罪羊，使自身褪变为外交决策的附庸和傀儡。

最后，服务于外交决策的美国情报，其独立性和完整性呼唤外交决策者应有的尊重和保障。也就是说，外交决策必须建立在合理的平台和途径之上。一意孤行的非正式决策，常常让包括美国情报界在内的相关政府机构，无法明确知悉外交决策的方向所在，从而伤害甚至割裂美国情报与外交决策应有的良好关系。

可见，在美国这样庞大复杂的官僚政治体系之中，剪不断、理还乱的美国情报与外交决策关系，堪称“戈尔迪之结”[①]。要解开一团乱麻般的“戈尔迪之结”，美国情报与外交决策双方都必须拿出应有的诚意和智慧。当年马其顿国王亚历山大“一斩了之”的大刀阔

---

① 比喻难解之事。参见《辞海》，上海：上海辞书出版社，2000 年版，第 3828 页；《牛津当代百科大辞典》，北京：中国人民大学出版社，2004 年版，第 766 页。

斧，并不适合此“情”此景，抓住关键“抽丝剥茧”的层层推进，或许才是可行之道。

其实，美国情报与外交决策的关系问题，可以简单分解为三个主要矛盾：其一，（情报）分析与外交决策过程的动态矛盾；其二，（情报）职业道德准则与（决策）政治实用主义的矛盾；其三，（情报）分析准确性要求与（情报）影响力要求的矛盾。情报分析人员的职业准则应当是，生产客观反映现实复杂性和模糊性的情报产品，既不夸大也不贬低，并且为未来预测预留广阔的可能性空间。外交决策者的政治信条则应当是，作出合理可行的外交决策并满怀信心地迅速实施。然而，复杂性和不确定性常常阻碍外交决策的顺畅作出，而消化吸收情报又会增加思考与决定的时间。因此，外交决策者往往偏爱更为简单明了的情报评估，他们的目光最终都会聚焦于一个十分功利和现实的问题，“底线到底是什么？”

本来，所谓准确的情报应当是相对平衡的情报，清楚地区分事实及其含义，承认对同一现象的多种合理诠释。然而，这样的平衡会鼓励两种类型情报评估的产生，而且两种可能都不合外交决策者的口味。一种是冗长而矛盾的评估，试图囊括所有相关的论点并在主要观点和异议之间徘徊不定；另一种是和谐万岁的“老好人”式评估，通过寻找“最大公约数”将所有论点调成一锅浆糊。前者对日理万机的外交决策者而言过长过多；后者对责任重大的外交决策者而言信息量过少甚至为零。总体而言，外交决策者更倾向于能够提供“答案”的简单情报评估，而这样的评估往往会有所“偏向”而非准确“平衡”。

此外，由于任期等政治体制因素的限制，美国外交决策者（尤其是总统）偏向于速度更快和能够迅速“灭火”的情报评估。他们本身并不排斥着眼长远和进行周密的思考，但是外交决策领域残酷的“格雷欣规律”①，迫使其更为关注紧迫的问题而忽视长远的问

① 亦称“劣币驱逐良币规律”。参见《辞海》，上海：上海辞书出版社，2000 年版，第 3692 页。

题。因此，所谓准确而平衡的情报评估，其生产、协调和修改的周期也通常较长，从而更适用于长期性战略情报评估。

对多数美国外交决策者而言，关于情报使用的首要问题还是时间。不论他们对准确或者长期的情报评估兴趣多大，他们永远没有足够的时间读完所有想读的情报。不是出于懒惰，而是受职位所限。美国外交决策者通常都身居高位，负责的范围越广，花在会议、电话或旅行上的时间就越多。而且职位升得越高，就越依赖节省时间的口头汇报而不是耗费时间的书面材料。这当然是一种十分有害的趋势。其实，听汇报比读材料花费的时间可能更多。而且，从心理学角度来看，一份原本平庸的情报评估，经过图片的修饰和动人的演绎后，可能会显得比实际好看中听，从而误导外交决策者的判断。

上述矛盾无法在情报层面得到彻底解决。问题的核心是，高级外交决策者几乎没有时间去欣赏“好的”（平衡而准确）情报；中低级外交决策参与者虽然相对时间充裕却又不受重视。解决之道或许是，同时提供包括两方面的情报评估。一方面是详尽的整编，另一方面则是简要的汇编，两方面都同等重要。这就对汇编手法提出了很高的要求。对大多数外交决策者而言，照顾方方面面的总结仅对外交新手有益，他们更需要一种带选择性的总结，以便凸显新的、意料之外的或者意义重大的内容。这就是情报评估强调“重要判断”甚至“重要不同”的意义所在，前提是外交决策者必须首先清楚“情报没有解决哪些不确定性问题”。与其让决策者满篇寻找斜体或脚注，不如干脆在总结中附加一节“重大争议”。当然，最好能够进一步注明参照页码便于查找相关详细论述，这样的总结不仅可以作为整个情报评估的目录，还可作为易于查阅的索引。

外交决策者所面临的巨大压力、重大责任和有限时间，使得他们来越来越敦促情报评估更加具有“判断性”，从而分担部分的决策压力。这是一种重要却危险的权力让渡。没有判断仅仅罗列事实，只能算是报告而非分析。而经验丰富的外交决策者，需要的是能够改变其看法的专业性评估。要么提醒其注意一个新问题，要么修正其对一个老问题的理解。最为实用的情报分析，应当能够让外交决策因其存在而不同，或者因其坚持而不变。

美国情报与外交决策关系最严重的问题，应该是情报政治化。来自外交决策层的暗示，是滋生情报政治化的土壤。矛盾的是，不存争议的问题常常不是首要的情报问题，因而几乎所有重大外交决策都存在或多或少的政治化问题。它可能导致外交决策者忽略与其观点相左的分析人员，转而亲近肯定其偏见的分析人员。当然，分析人员可以通过一些风格技巧，在不损害内容的前提下避免上述情况的发生。但万万不能以牺牲情报客观性为代价，一味满足外交决策者的政治需要。支持愚蠢外交决策的情报分析，再好也不过是助纣为虐。

美国外交决策者所面临的最大挑战是，在威胁和机会并存的不确定性中作出合理的外交决策。要想在这样苛刻的条件下取得成功，外交决策者必须了解如何在海量信息中甄别最具潜力的蛛丝马迹。换句话说，他们必须在一定程度上成为情报分析人才，以便更好地进行情报与决策的换位思考。而影响合理决策的不确定性，又要求美国情报与外交决策之间更为合理而密切的关系。情报人员应主动了解外交决策者的相关方案，理解他们的决策过程和程序；同样，外交决策者也应尽量接近情报，以便及时提供直接的指导。一旦干涉此种合理关系建立的原则或惯例出现，不仅情报与外交决策双方将无法幸免，而且国家利益也将深受其害。

美国情报是美国国家安全的“第一道防线”①，是将“外交决策之盾”置于合适之地的重要保障。而二者之间良好关系的建立，则是美国情报服务外交决策的重要前提和基础。

一直以来，二者之间的关系问题就是美国情报研究中热度不减的重要话题，引发了众多美国学者的关注和讨论。本文涉及的三家，

① 布什在盖茨 1991 年 11 月 12 日就任中央情报主任仪式上的讲话中首次提出“第一道防线”的说法，参见 http：//nara-wayback－001. us. archive. org/peth04/20041020121001/http：//www. cia. gov/csi/monograph/firstln/bush. html。

仅是其中主要的代表。三家观点殊途同归，殊途于认识并强调二者关系的侧重点不同，同归于充分发挥美国情报服务外交决策的功能并更为有效地维护美国国家利益。而本书“谨慎贴近”的观点，则是对上述三家观点的扬弃，提供了一种重新认识二者关系的思路。也就是说，积极贴近决策是情报工作的根本宗旨；贴近但不因奉迎决策而牺牲情报客观性，又是情报工作的根本要求；积极贴近和追求客观真实，就是“谨慎贴近”，也是建立二者之间合理关系的重要保障。

与二者关系理论认知的深入研究相关联，美国从宪法定位、法律规定、行政规范、战略规划等实践层面对二者关系进行了较为全面的设计、安排和调适。1947 年颁布的《国家安全法》，更是规定和指导二者关系的重要法律依据。据此成立的国家安全委员会，正是统筹协调二者关系的主要机构和重要平台，发挥着减少外交决策失误和有力提升外交决策水平的重要作用。

中华民族的伟大“复兴之梦”，离不开对国际形势的因应之策，而正确的决策又离不开有力的情报支撑。实现“中国梦”的过程，是一定程度上改变现有世界秩序的过程，必然触及中美之间的结构性矛盾。中国的安全形势，又总是或隐或显地表现出美国因素的影响。因此，深刻认识并重点考察美国外交决策及其形成的基础依据，是实现“中国梦”绕不过去的重要课题，对于更加深刻、准确地把握国际和中国安全形势，也不无裨益。

令人振奋的是，中国已决定设立国家安全委员会。中国共产党第十八届三中全会的此项决定，是对我国目前国内外安全形势重新认识的结果，对维护我国国家安全和国家利益意义深远。虽然关于该委员会的具体构成方案尚未公布，但可以肯定的是，委员会作为“统筹国家安全工作”的“强有力的平台”，在“制定和实施国家安全战略”、“制定国家安全政策方针”、“研究解决国家安全工作中的重大问题”时，如何有效地统筹协调情报工作，使之更好地服务于决策，必然是题中之义。全面系统地研究以国家安全委员会为重要平台的美国国家安全机制，对于我国国家安全委员会的建设具有重要的启示和借鉴意义。

需要指出的是，美国外交决策机制的相关构成部分和影响因素，远不止本书研究所限，甚至某些因素在某些情况下还会渗透到外交决策进程之中。但是，本书的研究侧重于美国外交决策的形成，聚焦于美国总统和国家安全委员会。因此，诸如美国国会、利益集团、智囊团、公众舆论等方面，不在本书重点探讨之列。

一个崭新的时代已经为情报与外交决策携手共进开启了大门，剩下的事就是情报与外交决策坚守各自的底线，采取一种“谨慎贴近”的方式处理二者关系，力争在国家安全委员会这一重要平台之上，努力建立和不断提升情报与外交决策之间的良好关系，为在国家间博弈中占得先机并进而实现国家利益的最大化，作出应有的贡献。

参考文献

中文著作

［1］保罗·肯尼迪：《大国的兴衰》，蒋葆英等译，北京：中国经济出版社，1989 年版。

［2］伯恩斯：《太平洋深处的秘密战争》，王新民、辛华译，北京：海洋出版社，1985 年年版。

［3］伯纳德·布罗迪：《绝对武器》，于永安等译，北京：解放军出版社，2004 年版。

［4］《辞海》，上海：上海辞书出版社，2000 年版。

［5］《辞源》（修订本）（1—4 合订本），北京：商务印书馆，1998 年版。

［6］范翰章等：《决策心理学》，北京：中共中央党校出版社，1996 年版。

［7］冯·诺依曼、摩根斯顿：《博弈论与经济行为》，王文玉、王宇译．北京：生活·读书·新知三联书店，2004 年版。

［8］高金虎：《美国战略情报与决策体制研究》，西安：陕西师范大学出版社，2004 年版。

［9］高庆德：《军事情报分析模型建构》，北京：军事科学出版社，2010 年版。

［10］哈罗德·尼克松：《外交学》，眺伟译，北京：世界知识出版社，1957 年版。

［11］汉密尔顿，杰伊、麦迪逊：《联邦党人文集》，程逢如、在汉、舒逊译，北京：商务印书馆，2007 年版。

［12］赫伯特·A·西蒙：《管理决策新科学》，李柱流、杨浚澄

译，北京：中国社会科学出版社，1982 年版。

［13］赫伯特·西蒙：《现代决策理论的基石》，杨砾、徐立译，北京：北京经济学院出版社，1989 年版。

［14］塞缪尔·亨廷顿：《文明的冲突与世界秩序的重建》，周琪等译，北京：新华出版社，1998 年版。

［15］基欧汉：《霸权之后：世界政治经济中的合作与纷争》，苏长河、信强、何曜译，上海：上海人民出版社，2001 年版。

［16］金观涛：《系统的哲学》，北京：新星出版社，2005 年版。

［17］金应忠、倪世雄：《国际关系理论比较研究》，北京：中国社会科学出版社，2003 年版。

［18］鞠海龙：《亚洲海权地缘格局论》，北京：中国社会科学出版社，2007 年版。

［19］军事科学院世界军事研究部：《美国军事基本情况》，北京：军事科学出版社，2004 年版。

［20］卡尔：《20 年危机（1919—1939）：国际关系研究导论》，北京：世界知识出版社，2005 年版。

［21］克劳塞维茨：《战争论》，李传训编译，北京：北京出版社，2007 年版。

［22］孔华润主编：《剑桥美国对外关系史》，王琛等译，北京：新华出版社，2004 年版。

［23］李道揆：《美国政府和美国政治》，北京：商务印书馆，1999 年版。

［24］李零：《兵以诈立——我读〈孙子〉》，北京：中华书局，2007 年版。

［25］罗伯特·杰维斯：《国际政治中的知觉与错误知觉》，秦亚青译，北京：世界知识出版社，2003 年版。

［26］罗杰·希尔斯曼：《美国是如何治理的》，曹大鹏译，北京：商务印书馆，1986 年版。

［27］马克·布洛赫：《历史学家的技艺》，张和声、陈郁译，

上海：上海社会科学出版社，1992 年版。

[28] 毛元佑、黄朴民注译：《武经七书》，北京：国防大学出版社，1997 年版。

[29] 《毛泽东选集》第一卷，北京：人民出版社，1991 年第二版。

[30] 穆罗沙：《21 世纪的战争》，杨杰、袁俊生译．北京：经济日报出版社，2003 年版。

[31] 《牛津当代百科大辞典》，北京：中国人民大学出版社，2004 年版。

[32] 乔治·凯南：《美国外交》（增订本），葵阳、南木、李活译，北京：世界知识出版社，1989 年版。

[33] 任国军编著：《美国军事情报文选》，北京：军事科学出版社，2007 年版。

[34] 申华：《美国国家情报管理制度研究》，北京：军事科学出版社，2010 年版。

[35] 沈志华、杨奎松主编：《美国对华情报解密档案（1948—1976）》，上海：东方出版中心，2009 年版。

[36] 施密特等：《民治政府——美国政府与政治》（第二十版），梅然译，北京：北京大学出版社，2005 年版。

[37] 田上四郎：《中东战争全史》，军事科学院外国军事研究部译，北京：解放军出版社，1985 年版。

[38] 汪熙编：《美国国会与美国外交决策》，上海：复旦大学出版社，1990 年版。

[39] 王普丰：《明天的战争与战法》，北京：军事科学出版社，2001 年版。

[40] 王乾都主编：《学术研究与论文写作》，北京：军事科学出版社，2002 年版。

[41] 维纳：《控制论：或关于在动物和机器中控制和通信的科学》，郝季仁译，北京：北京大学出版社，2007 年版。

［42］吴明冰：《特种战线：百年来国际无线电信号侦察和信号保密的斗争历程及经验教训》，北京：金城出版社，1996 年版。

［43］伍德罗·威尔逊：《国会政体——美国政治研究》，熊希龄译，北京：商务印书馆，1989 年版。

［44］希尔斯曼等著：《防务与外交决策中的政治——概念模式与官僚政治》，曹大鹏译，北京：商务印书馆，2000 年版。

［45］夏尔－菲利普·大卫：《白宫的秘密——从杜鲁门到克林顿的美国外交决策》，李旦等译，北京：中国人民大学出版社，1998 年版。

［46］肖佳灵、唐贤兴主编：《大国外交——理论、决策、挑战》，北京：时事出版社，2003 年版。

［47］晓宗编著：《信息安全与信息战》，北京：清华大学出版社，2003 年版。

［48］谢林：《冲突的战略》，赵华等译，北京：华夏出版社，2006 年版。

［49］许嘉：《美国战略思维研究》，北京：军事科学出版社，2003 年版。

［50］杨日旭：《美国宪政与民主自由》，台北：黎明文化事业公司，2000 年版。

［51］杨生茂等主编：《美国外交政策史 1775—1989》，北京：人民出版社，1991 年版。

［52］詹姆斯·G. 马奇：《决策是如何产生的》，王元歌、章爱民译，北京：机械工业出版社，2007 年版。

［53］詹姆斯·多尔蒂、小罗伯特·普法尔茨格拉夫：《争论中的国际关系》，阎学通、陈寒溪等译，北京：世界知识出版社，2002 年版。

［54］张晓军等：《美国军事情报理论研究》，北京：军事科学出版社，2007 年版。

［55］张晓军主编：《〈武经七书〉军事情报思想研究》，北京：

军事科学出版社，2001 年版。

[56] 张晓军主编：《美国军事情报理论著作评介》，北京：时事出版社，2005 年版。

[57] 张长军：《美国情报失误研究》，北京：军事科学出版社，2006 年版。

[58] 张长军：《战略突袭预警研究》，北京：军事科学出版社，2010 年版。

[59] 赵晓春：《发达国家外交决策制度》，北京：时事出版社，2001 年版。

[60] 周敏、华星白编著：《信息整合教程》，北京：军事科学出版社，2005 年版。

[61] 周琪编：《美国外交决策过程》，北京：中国社会科学出版社，2011 年版。

中文期刊

[1] 陈江："卡特时期美国对伊朗政策的失败"，《西亚非洲》，1987 年第 4 期。

[2] 顾国良："美国对伊政策"，《美国研究》，2006 年第 1 期。

[3] 纪光阳："情报决策'象限理论'初探"，《人文社会学报》2008 年 3 月第 4 期。

[4] 刘中民："伊朗与美国的爱恨情仇"，《看世界》，2005 年第 5 期。

[5] 张清敏："外交政策分析的认知视角：理论与方法"，《国际论坛》，2003 年第 1 期。

[6] 周琪："官僚政治模式与美国外交决策研究方法"，世界经济与政治，2011 年第 6 期。

中文网络

[1] 新华网

[2] 新浪网

[3] 人民网

英文著作

［1］阿利森、泽利科：《决策的本质——解释古巴导弹危机》（第2版影印本），北京：北京大学出版社，2008年版。

［2］斯塔夫里阿诺斯：《全球通史（第7版）》影印本，北京：北京大学出版社，2004年版。

［3］Berkowitz，Bruce D.，Goodman，Allan E. *Strategic Intelligence for American National Security*. Princeton：Princeton University Press. 1989.

［4］Best Jr.，Richard A. *The National Security Council：An Organizational Assessment.*

Congressional Research Service 7－5700，RL30840. December 28，2011.

［5］Bozeman，Adda B. *Strategic Intelligence & Statecraft*. Mclean：Brassey's（US）Inc. 1992.

［6］Brugioni，Dino A. *Eyeball to Eyeball：The Inside Story of the Cuban Missile Crisis*. New York：Random House. 1990.

［7］Bush，George W. *Decision Points*. New York：Crown Publishers. 2010.

［8］Center for the Study of Intelligence. *Intelligence and Policy：The Evolving Relationship*，Roundtable Report（10 Nov. 2003），Washington，D. C.：Georgetown University. June 2004.

［9］Center for the Study of Intelligence. *The Impact of Intelligence on the Policy Review and Decision Process*. Central Intelligence Agency. March 1980.

［10］Chalou，George C.，ed. *The Secrets War：The Office of Strategic Services in World War II*. Washington DC：National Archives and Records Administration. Second Printing. 2002.

［11］Cheney，Dick. *Intelligence Community Decision Book for the President*. Washington：The White House. December 22，1975.

[12] Cimbala, Stephen J. ed. *Intelligence and Intelligence Policy in a Democratic Society*. New York: Transnational Publishers, Inc., 1987.

[13] Clinton, Rossiter ed. *The Federalist Papers*. NY: Penguin Putnam, Inc. 1961.

[14] Corwin, Edwin. *The President: Office and Powers*. New York: New York University Press, 1940.

[15] Dandeker, Christopher, *Surveillance, Power, and Modernity: bureaucracy and discipline from* 1700 *to the present day*. New York: St. Martin's Press. 1990.

[16] Drew, S. Nelson ed. *NSC – 68: Forging the Strategy of Containment*. Washington D. C.: NDU Press. 1994.

[17] Eilon, Lindsey., Lyon, Jack. *White Paper: Evolution of Department of Defense Directive* 5100. 1. Office of the Secretary of Defense. April 2010.

[18] Ford, Corey. *Donovan of OSS*, Boston: Little Brown, 1st edition, 1970.

[19] *Foreign Intelligence Surveillance Act of* 1978 *Amendments Act of* 2008. H. R. 6304. One Hundred Tenth Congress of the United States of America.

[20] George, Roger., Harvey Rishikof, eds. *The National Security Enterprise: Navigating the Labyrinth*. Washington D. C.: Georgetown University Press, 2011.

[21] Godson, Roy ed. *Intelligence Requirements for the* 1990*s: Collection, Analysis, Counterintelligence, Covert Action*. Lexington, MA: Lexington Books, 1989.

[22] Goodman, Melvin A. *Failure of Intelligence: The Decline and Fall of the CIA*. Lanham: Rowman & Littlefield Publishers Inc., 2008.

[23] Handel, Michael I. ed. *Leaders and Intelligence*, London: Frank Cass, 1989.

[24] Helgerson, John L. *Getting to Know the President: Intelligence Briefings of Presidential Candidates 1952 – 2004.* . Second Edition. Washington: Government Printing Office.

[25] Heuer Jr. , Richards J. *Psychology of Intelligence Analysis.* Center for the Study of Intelligence, CIA. 1999.

[26] Hilsman, Roger. *Strategic Intelligence and National Decision.* Westport, CT: Greenwood Press, 1981.

[27] Howard, Nigel. *Paradoxes of Rationality: Theory of Metagames and Political Behavior.* Cambridge, Mass. : MIT Press, 1971.

[28] Ikenberry, G. John. , Slaughter, Anne-Marie. *Forging A World Of Liberty Under Law.* Princeton Project on National Security. September 27, 2006.

[29] *Intelligence Reform and Terrorism Prevention Act of* 2004. One Hundred Eighth Congress of the United States of America. S. 2845.

[30] Johnson, Loch K. *America's Secret Power: The CIA in a Democratic Society.* New York: Oxford University Press, 1989.

[31] Johnson, Lyndon Baines. *The vantage point: perspectives of the Presidency*, 1963 – 1969, Austin: Holt, Rinehart and Winston, 1971, p. 153.

[32] *JP* 1 – 02: *Department of Defense Dictionary of Military and Associated Terms.* 2001 amended 2008.

[33] Keegan, John. *Intelligence in War: knowledge of the enemy from Napoleon to al-Qaeda.* New York: Alfred A. Knopf, Random House. 2003.

[34] Kent, Sherman. *Strategic Intelligence for American World Policy.* Princeton, NJ: Princeton University Press, 1949.

[35] Lieberthal, Kenneth. *The U. S. Intelligence Community and Foreign Policy: Getting Analysis Right.* Washington D. C. : The Brookings Institution. 2009.

［36］ Lowenthal, Mark M. *Intelligence: from secrets to policy*. Washington D. C.: CQ press, 2000.

［37］ Machiavelli, Niccolo. *The Art of War*. Revised by Neal Wood. Cambridge MA: Da Capo Press, Perseus Books Group. 2001.

［38］ Maurer, Alfred C., Marion D. Tunstall, James M. Keagle, eds. *Intelligence: Policy and Process*. Boulder and London: Westview Press, 1985.

［39］ McAuliffe, Mary S. ed. *CIA Documents on the Cuban Missile Crisis* 1962. Washington, DC: History Staff of Central Intelligence Agency. October 1992.

［40］ *National Security Strategy*. May 2010.

［41］ O' Toole, G. J. A. *The Encyclopedia of American Intelligence and Espionage: From the Revolutionary War to the Present*, New York: Facts on File, 1998.

［42］ Office of General Counsel. *Intelligence Community Legal Reference Book*. Washington DC: Office of the Director of National Intelligence. Winter 2012.

［43］ Office of Management and Budget. *A New Era of Responsibility: Renewing America's Promise*. Washington D. C.: U. S. Government Printing Office. 2009.

［44］ Office of the Director of National Intelligence. *The National Intelligence Strategy of the United States of America: Transformation through Integration and Innovation*. October 2005.

［45］ Office of the Director of National Intelligence. *United States Intelligence Community (IC) 100 Day Plan for INTEGRATION and COLLABORATION*.

［46］ Office of the Director of National Intelligence. *United States Intelligence Community 500 Day Plan for INTEGRATION and COLLABORATION*. October 10, 2007.

[47] Osinga, Frans. P. B. *Science, Strategy and War: The strategic theory of John Boyd*. New York: Routledge, Taylor & Francis Group. 2007.

[48] Rand Corporation. *The Impact of the Information Revolution on Policymakers' Use of Intelligence Analysis*, doctoral dissertation, 2005.

[49] Ransom, Harry Howe. *The Intelligence Establishment*, Cambridge: Harvard University Press, 1970.

[50] Richelson, Jeffrey T. *The US Intelligence Community*. 5th ed. Boulder: Westview Press. 2008.

[51] Rieselbach, Leroy N. *Congressional Reform*. Washington D. C.: CQ Press. 1986.

[52] Shulimson, Jack. *Marines in Lebanon* 1958. Washington D. C.: Department of the Navy. Headquarters, U. S. Marine Corps. 1966.

[53] Snyder, Richard C., Bruck, H. W., Sapin, Burton eds. *Foreign Policy Decision Making: An Approach to the Study of International Politics*, New York: Free Press of Glencoe, 1962.

[54] *The Code of Laws of the United States of America*. 2011.

[55] *The Evolution of American Military Intelligence*. Prepared for Use by the US Army Intelligence Center and School, FT. Huachuca AZ. 85613, May 1973.

[56] *The National Intelligence Strategy of the United States of America*. August 2009.

[57] *The National Security Strategy of the United States of America*. September 2002.

[58] Thoma, Kenneth R., Larry M. Eig, Johnny H. Killian. *The Constitution of the United States of America: Analysis and Interpretation 2010 Supplement*. Washington: U. S. Government Printing Office. June 29, 2010.

[59] Treverton, Gregory F., Agrell, Wilhelm. *National Intelli-*

gence Systems: *Current Research and Future Prospects*. New York: Cambridge University Press. 2009.

[60] *USA Patriot Act of* 2001. H. R. 3162. 107th Congress 1st Session. October 24, 2001 Received.

Watson, Bruce W., Watson, Susan M., Hopple, Gerald W. *United States Intelligence*: *An Encyclopedia*, New York: Garland Publications, 1990.

[61] Woodward, Bob. *Plan of Attack*. London: Simon & Schuster. 2004.

英文期刊

[1] American War and Military Operations Casualties: Lists and Statistics, *CRS report for congress*, June 29, 2007.

[2] Anderson, Elizabeth E. Covert Action and American Foreign Policy: The Iran-Contra Operation. *Conflict Quarterly*. Fall 1993.

[3] Author (s): X. The Sources of Soviet Conduct. *Foreign Affairs*. Vol. 25, No. 4, July 1947.

[4] Bernhardt, Douglas C. Consumer versus Producer: Overcoming the Disconnect between Management and Competitive Intelligence. *Competitive Intelligence Review*. Vol. 10 (3), 1999.

[5] Best, Jr., Richard A. Proposals for Intelligence Reorganization, 1949 – 2004. *CRS Report for Congress*. RL 325000. September 24, 2004.

[6] Best, Jr., Richard A. The National Intelligence Council (NIC): Issues and Options for Congress. 1949 – 2004. *CRS Report for Congress*. RL 325000. September 24, 2004.

[7] Betts, Richard K. Analysis, War and Decision: Why Intelligence Failures Are Inevitable. *CIA Historical Review Program*. Vol. 23, 1979.

[8] Brown, Cody M. The National Security Council: A Legal History of the President's Most Powerful Advisers. *Project on National Security*

Reform, 2008.

[9] Burke, John P. The National Security Advisor and Staff: Transition Challenges. *The White House Transition Project Reports*. 2008.

[10] Cramer, Drew., Grant Mullins. Lessons Learned from Prior Attempts at National Security Reform. *The Project on National Security Reform*. Overarching Issues Working Group.

[11] Dale, Catherine. National Security Strategy: Legislative Mandates, Execution to Date, and Considerations for Congress. *CRS Report for Congress*, May 28, 2008.

[12] DoD Records Management Program. *Department of Defense Directive*. No. 5015. 2. March 6, 2000.

[13] Executive Order 12333 and Assassination. *Memorandum of Law*. Reproduction Department of the Army. 2 November 1989.

[14] Fisher, Louis. The Korean War: OnWhat Legal Basis Did Truman Act? . *The American Journal of International Law*. Vol. 89: 2, 1995.

[15] Gray, H. David. Applying the Intelligence Cycle Model to Counterterrorism Intelligence for Homeland Security. *European Journal of Scientific Research*. Vol. 24, No. 4, 2008.

[16] Hermann, Margaret G., Charles F. Hermann. Who Makes Foreign Policy Decisions and How: An Empirical Inquiry. *International Studies Quarterly*, Vol. 33, No. 4, Dec. 1989.

[17] Jervis, Robert. Why Intelligence and Policymakers Clash. *Political Science Quarterly*. Vol. 125, No. 2, 2010.

[18] Johnson, Loch K. "Covert Action and Accountability: Decision-Making for America's Secret Foreign Policy". *International Studies Quarterly* 33, Mar. 1989.

[19] Matei, Florina Cristiana., Bruneau, Thomas C. Policymakers and Intelligence Reform in the New Democracies. *International Journal of*

Intelligence and Counterintelligence. Vol. 24. 2011.

[20] Matlock Jr. , Jack F. George F. Kennan. *Proceedings of the American Philosophical Society*. Vol. 151, No. 2, June 2007.

[21] Mazarr, Michael J. "The Iraq War and Agenda Setting", *Foreign Policy Analysis*, 2007, No. 3, 1 –23.

[22] Military Buildup in Cuba. *SNIE* 85 – 3 – 62. September 19, 1962.

[23] Note of the Executive Secretary to the National Security Council on United States Objectives and Programs for National Security. *NSC* –68, April 14, 1950.

[24] Nuclear Sales tothe PRC. *National Security Decision Memorandum* 261. Washington D. C. : National Security Council. July 22, 1974.

[25] Organizing for Homeland Security and Counterterrorism. *Presidential Study Directive* – 1. Washington: The White House. February 23, 2009.

[26] Owens, Mackubin Thomas. The Bush Doctrine: The Foreign Policy of Republican Empire. *Oris*. Winter 2009.

[27] President Eisenhower: The Eisenhower Doctrine on the Middle East, A Message to Congress, January 5, 1957. *The Department of State Bulletin*, XXXV1, No. 917. January 21, 1957.

[28] Presidential Documents: Executive Order 13284 of January 23, 2004. *Federal Register*. Vol. 69, No. 169. September 1, 2004.

[29] Presidential Documents: Executive Order 13355 of August 27, 2003. *Federal Register*. Vol. 68, No. 18. January 28, 2003.

[30] Renshon, Jonathan, Renshon, Stanley A. The Theory and Practice of Foreign Policy Decision Making. *Political Psychology*. Vol. 29, No. 4, 2008.

[31] Shogan, Colleen J. , Neale, Thomas H. The President's State of the Union Address: Tradition, Function, and Policy Implications. *CRS*

Report for Congress. RS20021. March 7, 2006.

[32] Snider, Don M. The National Security Strategy: Documenting Strategic Vision, Second Edition. *Strategic Studies Institute Monographs*. March 15, 1995.

[33] The Making of U. S. Foreign Policy. *U. S. Foreign Policy Agenda*. Vol. 5, No. 1, March 2000.

[34] The Soviet Invasion of Afghanistan in 1979: Failure of Intelligence or of the Policy Process? . *Working Group Report*. No. 111, September 26, 2005.

[35] Weitz, Richard. The Long Road Toward Intelligence Reform. *World Politics Review*. February 2, 2009.

[36] Zanchetta, Barbara. The United States and the ' Loss ' of Iran, *Working Papers in International History and Politics*. No. 4, June 2009.

[37] Zoellick, Robert B. Congress and the Making of US Foreign Policy. *Survival*. 41 -4, Winter 1999 -2000.

英文网络

[1] http: //avalon. law. yale. edu

[2] http: //cryptome. org

[3] http: //cuban-exile. com

[4] http: //edition. cnn. com

[5] http: //edition. cnn. com

[6] http: //en. wikipedia. org

[7] http: //fl1. findlaw. com

[8] http: //global. britannica. com

[9] http: //history. state. gov

[10] http: //jcpa. org

[11] http: //library. advanced. org

[12] http: //library. thinkquest. org

[13] http：//looklex. com
[14] http：//npaphistory. wikispaces. com
[15] http：//nssarchive. us/
[16] http：//original. antiwar. com
[17] http：//supreme. justia. com
[18] http：//usforeignpolicy. about. com
[19] http：//usgovinfo. about. com
[20] http：//www. afio. com
[21] http：//www. afwing. com
[22] http：//www. airspacemag. com
[23] http：//www. answers. com
[24] http：//www. avendano. org
[25] http：//www. bbc. co. uk
[26] http：//www. chicagotribune. com
[27] http：//www. defense. gov
[28] http：//www. defenselink. mil
[29] http：//www. encyclopedia4u. com
[30] http：//www. fas. org
[31] http：//www. globalsecurity. org
[32] http：//www. guardian. co. uk
[33] http：//www. gwu. edu
[34] http：//www. historycommons. org
[35] http：//www. historyofcuba. com
[36] http：//www. ibiblio. org
[37] http：//www. ihs. com
[38] http：//www. informationclearinghouse. info
[39] http：//www. johndclare. net
[40] http：//www. jpost. com
[41] http：//www. law. cornell. edu

[42] http：//www. loc. gov
[43] http：//www. nasa. gov
[44] http：//www. nationalsecuritylaw. org
[45] http：//www. ndu. edu
[46] http：//www. nsa. gov
[47] http：//www. odci. gov
[48] http：//www. payvand. com
[49] http：//www. pbs. org
[50] http：//www. princeton. edu
[51] http：//www. saylor. org
[52] http：//www. seattlepi. com
[53] http：//www. sourcewatch. org
[54] http：//www. state. gov
[55] http：//www. telegraph. co. uk
[56] http：//www. thepresidency. org
[57] http：//www. urbandictionary. com
[58] http：//www. usa-presidents. info
[59] http：//www. washingtonpost. com
[60] http：//www. whitehouse. gov
[61] http：//www. wisegeek. com
[62] http：//www. ynetnews. com
[63] http：//www. cia. gov

后　　记

虽然是英语专业出身，但骨子里还是个“传统”的国学分子。尽管心中拥有大海般的感恩与感谢，口中却总是难以蹦出英语中早已说烂了的“谢谢”。我也深深地懂得，这种心中有数、口中无声的痼疾是为人处世的大敌。

学术研究之路走到今天，貌似轻松从容，实则痛不欲生。一路走来，少有“春风得意马蹄疾”的幸福，多是“为伊消得人憔悴”的艰辛。有过“痛过了爱过了一切都成空”的忧心忡忡，有过“学过了习过了文章成不了”的惴惴不安，有过“论文不过日子照过”的自暴自弃，有过“平平淡淡从从容容才是真”的自欺欺人，有过…… 唯独没有过“真的勇士敢于直面现实”的若愚和坚韧。

感谢我的导师张晓军，用他长者的睿智和学者的宽厚让我于无声处听惊雷，一次次将“贪图享乐”、“不务正业”的我从迷失中牵引回学习与研究的正轨，使我不至于在“真的勇士”与“直面现实”的两极走得太远。

与张师结缘于本科时的大学语文课，数百青春洋溢的面孔仍就无法掩盖张师顿挫抑扬的铿锵，也阻挡不了张师下笔如神的惊艳。《西厢记》“听得道一声去也，松了金钏”余音绕梁三十年不绝；《天净沙·秋思》“断肠人在天涯”笔走龙蛇萦绕至今。懵懂中依稀憧憬着可遇不可求的“再见”。

所幸外院说大不大，人说多不多，我与张师果真再次续缘，地点换作了乒乓球场。球场上的张师，少了些“书生”多了点“意气”，我等后辈也见识了“老夫聊发少年狂”的意气“疯发”。每次誓把球台击穿的“疯发”之后，都有一种酣畅淋漓的人生感悟，还曾年少不知愁地写过“有笔有书有肝胆，亦狂亦侠亦温文”自勉。回想起来，不值一哂。

时光荏苒，白驹过隙，自己东不成西不就，浮躁到了四十不惑实多惑的年龄。张师虽师风犹存却鬓生霜发。他知我是一粒犯浑的铜豌豆，须经历时间长河的打磨方可一救。而我这个“无厘头”般的“浑小子”却无法领会张师心中那份焦心的惦记。其实，球场残存的一丝“灵犀”让我仍能隐隐感知他的“焚心以火”，不过是怯懦于“不敢直面”的现实罢了。身体大不如昔的张师用依然睿智而宽厚的耐心静静等待“迷途羔羊”的浪子回头。

感谢我的爱妻，给了我如张师般的宽容和纵容，她“溺爱”的目光总让我心生一种“戚戚然”的惶恐，如古龙书中“无为”的侠士，只需心中有招手中无招便斩我于无形。

感谢我的小女，如上天赐我“珍珠”般的精灵，瘦小的身躯蕴藏着惊人的力量，她埋头苦学的身影和挑灯夜战的精神，让我心生“有女若此，父当若何”的羞愧，激励我一路走来，艰苦而温馨。

感谢我的同事，对不断“添乱”的我，给予充分的理解和万分的包容，“百年修得同船渡”的缘分，在我困难之时勉励我毅然前行。

张师宽厚的鞭策、爱妻“无为”的敲打、小女“懂事”的激励和同事理解的包容，是我走出炼狱重入生天的暖暖支撑。

为每一位给予我善意、理解、温暖目光的人，是为后记。

周兴亮

2016 年 9 月于洛阳

图书在版编目（CIP）数据

美国情报与外交决策研究／周兴亮著．—北京：时事出版社，2016.11

ISBN 978-7-5195-0026-9

Ⅰ.①美… Ⅱ.①周… Ⅲ.①信息工作—研究—美国②美国对外政策—研究 Ⅳ.①D771.236 ②D871.20

中国版本图书馆 CIP 数据核字（2016）第 231348 号

出版发行：时事出版社
地　　址：北京市海淀区万寿寺甲 2 号
邮　　编：100081
发行热线：（010）88547590　88547591
读者服务部：（010）88547595
传　　真：（010）88547592
电子邮箱：shishichubanshe@sina.com
网　　址：www.shishishe.com
印　　刷：北京市昌平百善印刷厂

开本：787×1092　1/16　印张：13　字数：175 千字
2016 年 11 月第 1 版　2016 年 11 月第 1 次印刷
定价：58.00 元